完全対策!

漢字検定

模擬試験問題集

5級

大阪市立大学名誉教授
大内田 三郎 著

駿河台出版社

まえがき

本書は、日本漢字能力検定協会が実施している漢字検定試験の合格を目指す受験者のために、その準備と対策ができるように編集した模擬試験問題集です。

平成四年に当時の文部省（現 文部科学省）から検定試験が認可されて以来、志願者数が年々増加し、平成二〇年には二八〇万人を超えたといいます。その志願者数急増の背景には、国民の漢字に対する興味や関心が高まり、自分の漢字能力を客観的な評価基準で試したいと考えているからでしょう。漢字検定の社会的な評価が高まるにつれて、学校や企業などの団体受験も増えています。学校では、合格者は大学受験や高校受験で優遇される制度が広がりつつあり、企業では、社員が合格すると有資格者として優遇されるなどの利点があります。

本書は、これから受験しようとしている受験者のための問題集ですので、試験前にまず本書を参考に自分の実力をチェックし、自分の弱点がどこにあるかを確認し、それを克服するように心掛けてください。

多くの受験者が本書を利用して、受験する級に合格されんことを心から願っています。

最後になりましたが、本書の刊行にあたり、社長の井田洋二氏と編集部の猪腰くるみ氏に多大の協力をいただきました。心から謝意を表します。

九月一日

著　者

目次

まえがき……3

（一）試験実施要項

1 受験資格……6
2 実施級……6
3 検定実施日……6
4 検定会場……6
5 検定時間……6
6 検定料……6
7 合格基準と合否の通知……6
8 申込方法……7
9 問い合わせ先……7

（二）出題傾向と学習ポイント

(一) 漢字の読み……8
(二) 部首と部首名……8
(三) 筆順と画数……8
(四) 送りがな……9
(五) 漢字の音読みと訓読み……9
(六) 四字熟語……10
(七) 対義語・類義語……10
(八) 熟語作り……10
(九) 熟語の構成……11
(十) 同じ読みの漢字……11
(十一) 漢字の書き取り……11

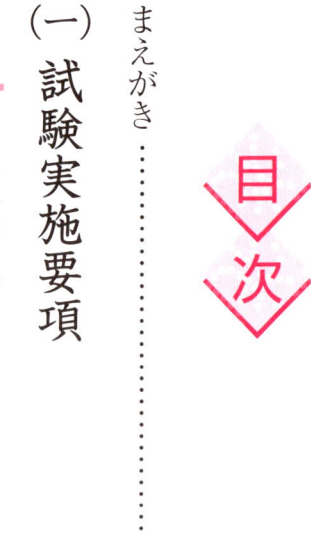

(三) 模擬試験

第1回模擬試験……14
第2回模擬試験……20
第3回模擬試験……26
第4回模擬試験……32
第5回模擬試験……38
第6回模擬試験……44
第7回模擬試験……50
第8回模擬試験……56
第9回模擬試験……62
第10回模擬試験……68
第11回模擬試験……74
第12回模擬試験……80
第13回模擬試験……86
第14回模擬試験……92
◎模擬試験得点チェック表……98

別冊

1 第1回〜第14回 模擬試験の解答……2
2 5級配当漢字表(181字)……16

（一）試験実施要項

1 受験資格

制限はありません。検定時間が異なれば4つの級まで受験できます。受験には個人受験と団体受験があります。

2 実施級

1級　準1級　2級　準2級　3級　4級
5級　6級　7級　8級　9級　10級

3 検定実施日

検定実施日は、原則として毎年
第1回　6月中の日曜日
第2回　10月中の日曜日
第3回　翌年1月か2月の日曜日

4 検定会場

全国主要都市約180か所（願書に掲載されている）

5 検定時間

5級は60分

6 検定料

検定料は変更されることがあるので、日本漢字能力検定協会のホームページ（http://www.kanken.or.jp/）で最新情報を確認してください。

7 合格基準と合否の通知

合格の目安は正解率70％程度です。200点満点ですから、140点以上取れば合格の可能性があります。

検定の約40日後を目安に、合格者には合格証書、合格証明書と検定結果通知が、不合格者には検定結果通知が郵送されます。

8 申込方法

1 取扱書店（大学生協を含む）
取扱書店で願書を入手し、書店で検定料を支払う。必要事項を記入した願書と書店払込証書を日本漢字能力検定協会に送付すると、受験票が届く。

2 郵　送
日本漢字能力検定協会に願書を請求して必要事項を記入後、検定料を添えて協会に現金書留で送ると、受験票が届く。

3 インターネット
http://www.kanken.or.jp/
日本漢字能力検定協会ホームページにアクセスし、必要事項を入力。検定料を支払うと、受験票が届く。

4 携帯電話
http://www.kentei.co.jp/
webで検定onラインにアクセスし、必要事項を入力。払込用紙が送付されてくるので、検定料を支払うと、受験票が届く。

ほかにも、セブン‐イレブン、ローソンからも申し込み可能。

9 問い合わせ先

財団法人　日本漢字能力検定協会
〈京都本部〉〒600‐8585
京都市下京区烏丸通松原下る五条烏丸町398
TEL：075‐352‐8300
FAX：075‐352‐8310
〈東京事務所〉〒100‐0004
東京都千代田区大手町2‐1‐1
大手町野村ビル
TEL：03‐5205‐0333
FAX：03‐5205‐0331
電子メール　info01@kanken.or.jp

（二）出題傾向と学習ポイント

㈠ 漢字の読み

５級の出題対象となる漢字は、５級配当漢字１８１字と６級までの配当漢字８２５字を合わせた１００６字です。５級の出題対象となるこの１００６字は教育漢字といいます。これらの漢字に対する知識を深め、文章の中で果たしている役割を正しく理解する必要があります。

この分野は、短文中の漢字の音読みと訓読みを答える問題です。出題は５級配当漢字１８１字が中心ですが、特別な読み、熟字訓、当て字も出題されますので注意が必要です。

特別な読みとは、「雨雲」（あまぐも）、「兄弟」（きょうだい）、「留守」（るす）、「酒屋」（さかや）のような「常用漢字表」で示された特別なもの又は用法のごく狭い音訓です。

熟字訓、当て字とは、「常用漢字表」にある「付表」です。熟字訓や当て字など、主として一字一字の音訓として挙げにくいものを語の形で示したものです。例えば、「明日」（あす）、「景色」（けしき）、「時計」（とけい）、「部屋」（へや）などです。

最近の出題傾向として、二字熟語の音読みと一字の訓読みがそれぞれ10問ずつ出題され、最後の問題は俳句が多く出題されます。

㈡ 部首と部首名

この分野は、問題となる漢字は主に５級配当漢字から出題されますが、その漢字の部首と部首名を選択肢から選びます。出題傾向として、わかりやすい一般的な漢字よりは部首の判別が難しい漢字がよく選ばれます。

また漢字自体が部首の漢字も出題されますので注意しましょう。例えば、「革」「穴」「己」「至」などがそうです。

㈢ 筆順と画数

この分野は、問題となっている漢字の任意の「画」

が筆順の何番目になるかを問う問題と、漢字の総画数を問う問題の二つが出題されます。

漢字の筆順には原則がありますが、上から下へ、左から右へ、内から外へが基本原則です。

筆順は漢字構成の基本となる部首など、部分の筆順を正しく把握しておくことが大切です。そうすれば他の漢字の筆順も類推できます。

画数は筆順に従って一筆で書く線や点の総数ですので、その漢字の正しい筆順を覚えておくことが重要です。

(四) 送りがな

この分野は、短文中のカタカナの部分を漢字一字と送りがなに直して書く問題です。5級配当漢字を書かせる問題が中心です。

送りがなとは、漢字の誤読、難読のおそれがないように、漢字の次にそえるかなのことです。送りがなの付け方は「送り仮名の付け方」によりますので、基本的な原則を頭に入れておきましょう。

●送りがなの主な原則

本則を基本として押さえる必要がありますが、例外は本則によらないものですので、特に注意しましょう。

(1) 活用のある語は、活用語尾をおくる。

書く　催す　生きる　考える　賢い　荒い

[例外] 語幹が「し」で終わる形容詞は「し」から送る。

恋しい　珍しい　著しい

活用語尾の前に「か」「やか」「らか」を含む形容動詞は、その音節から送る。

静かだ　穏やかだ　明らかだ

(2) 副詞・連体詞・接続詞は最後の音節を送る。

必ず　更に　少し　既に　再び　全く　最も

[例外] 大いに　直ちに　並びに　若しくは

(五) 漢字の音読みと訓読み

漢字の読み方には「音読み」と「訓読み」があります。漢字の音と訓を見分けるには、発音を聞いて意味がわかるのが訓、わからないのが音というのが一応の目安である。

この分野は、出題される二字熟語のそれぞれの漢字の読みが、音読みなのかそれとも訓読みなのかを問う問題です。この問題は二字熟語の読みがわからなければ答えられませんので、まず読みを確実にしましょう。二字熟語の場合、一方の漢字が音読みであれば、もう一方もたいていは音読みです。訓読みも同様です。しかし、「音読み・訓読み」「訓読み・音読み」の組み合わせも出題されますので注意しましょう。

毎朝（マイあさ）（音・訓）　手本（てホン）（訓・音）

(六) 四字熟語

この分野は、四字熟語のうち、カタカナになっている部分を漢字一字に直し、四字熟語を完成させる問題です。

四字熟語に出題されるのは主に故事成語および一般用語です。故事成語は「異口同音」「臨機応変」などのように中国の古典に由来するものが多い。そのほかに「人権尊重」「景気対策」など一般用語の四字熟語も多く出題されます。新聞、雑誌などを読み意味を調べる習慣をつけて対応しましょう。

(七) 対義語・類義語

この分野は、対義語・類義語が出題され、その問題の熟語に対して熟語の一字が空欄になっていて、そこにあてはまる適当な語（ひらがな）を選択肢から選んで漢字に直す問題です。

対義語も類義語も熟語の知識として大切なものです。対義語にはその組み合わせに共通する字があるものと、「原因―結果」「理想―現実」のように共通する字がなく正反対ではないが対の関係にあるものがあります。したがって対義語は二字熟語の組み合わせに注意して覚えると効果的です。

類義語は対義語と異なり、意味が似ていても用い方が違うなどの幅広い熟語が含まれます。そのため一つの熟語に対して「断定」「決断」「決定」「判断」「判定」「予断」のように類義語が多数あるものもあります。したがって、類義語を覚えることは語い力を確実に高める効果があります。

(八) 熟語作り

この分野は、出題されている文章に合う熟語を、「ア〜シ」に示された漢字を組み合わせて二字熟語を作る問題です。問題文にあてはまる熟語をすぐに見つけ出すことは難しいかもしれませんが、まず問題文にあてはまる漢字を一字選び、それから組み合わせ相手の漢字を考えればいいでしょう。

(九) 熟語の構成

この分野は、二字熟語を構成する二字の漢字が、次に示す「ア～オ」の5つの分類のうち、どの関係で結び付いているのかを問う問題です。

(ア) 反対や対になる意味の字を組み合わせたもの。(例：前後)

(イ) 同じような意味の字を組み合わせたもの。(例：道路)

(ウ) 上の字が下の字の意味を説明(修飾)しているもの。(例：紅葉)

(エ) 下の字から上の字へ返って読むと意味がよくわかるもの。(例：育児)

(オ) 上の字が下の字の意味を打ち消しているもの。(例：無害)

(十) 同じ読みの漢字

この分野は、二組の短文中にある同じ読みのカタカナを違う漢字で書いて答える問題です。

同じ読みの漢字は複数ありますが、日ごろから同じ読みの漢字に注意して意味を正確に理解し、文脈に合った漢字が選べるようにしましょう。

(1) 憲法を**コウフ**(公布)する。「公布」：広く知らせること

(2) 免許証を**コウフ**(交付)する。「交付」：引き渡すこと

(十一) 漢字の書き取り

この分野は、短文中のカタカナを漢字に直す問題です。漢字は主に5級配当漢字から出題され、音読み、訓読み、特殊な読み、当て字などがすべて正しく書けることが求められます。漢字は「とめる・はねる」「つき出す・つき出さない」「つける・はなす」「画の長短」など正しい筆順で明確に書く必要があります。くずした漢字や乱雑な書き方は採点の対象にはなりませんので特に注意しましょう。

最近の出題傾向として二字熟語の音読みと一字の訓読みが半々に出題され、最後の問題はことわざがよく出題されます。

（三）模擬試験

第1回模擬試験……一四
㈠漢字の読み……一四
㈡部首と部首名……一四
㈢筆順と画数……一五
㈣送りがな……一六
㈤音読みと訓読み……一六
㈥四字熟語……一七
㈦対義語・類義語……一六
㈧熟語作り……一七
㈨熟語の構成……一八
㈩同じ読みの漢字……一九
(十一)漢字の書き取り……一八

第2回模擬試験……二〇
㈠漢字の読み……二〇
㈡部首と部首名……二〇
㈢筆順と画数……二一
㈣送りがな……二二
㈤音読みと訓読み……二二
㈥四字熟語……二三
㈦対義語・類義語……二二
㈧熟語作り……二三
㈨熟語の構成……二四
㈩同じ読みの漢字……二五
(十一)漢字の書き取り……二四

第3回模擬試験……二六
㈠漢字の読み……二六
㈡部首と部首名……二六
㈢筆順と画数……二七
㈣送りがな……二八
㈤音読みと訓読み……二八
㈥四字熟語……二九
㈦対義語・類義語……二八
㈧熟語作り……二九
㈨熟語の構成……三〇
㈩同じ読みの漢字……三一
(十一)漢字の書き取り……三〇

第4回模擬試験……三二
㈠漢字の読み……三二
㈡部首と部首名……三二
㈢筆順と画数……三三
㈣送りがな……三四
㈤音読みと訓読み……三四
㈥四字熟語……三五
㈦対義語・類義語……三四
㈧熟語作り……三五
㈨熟語の構成……三六
㈩同じ読みの漢字……三七
(十一)漢字の書き取り……三六

第5回模擬試験……三八
㈠漢字の読み……三八
㈡部首と部首名……三八
㈢筆順と画数……三九
㈣送りがな……四〇
㈤音読みと訓読み……四〇
㈥四字熟語……四一
㈦対義語・類義語……四〇
㈧熟語作り……四一
㈨熟語の構成……四二
㈩同じ読みの漢字……四三
(十一)漢字の書き取り……四二

第6回模擬試験……四四
㈠漢字の読み……四四
㈡部首と部首名……四四
㈢筆順と画数……四五
㈣送りがな……四六
㈤音読みと訓読み……四六
㈥四字熟語……四七
㈦対義語・類義語……四六
㈧熟語作り……四七
㈨熟語の構成……四八
㈩同じ読みの漢字……四九
(十一)漢字の書き取り……四八

第7回模擬試験……五〇
(一)漢字の読み……五〇
(二)部首と部首名……五〇
(三)筆順と画数……五一
(四)送りがな……五二
(五)音読みと訓読み……五二
(六)四字熟語……五三
(七)対義語・類義語……五二
(八)熟語作り……五三
(九)熟語の構成……五四
(十)同じ読みの漢字……五五
(十一)漢字の書き取り……五四

第8回模擬試験……五六
(一)漢字の読み……五六
(二)部首と部首名……五六
(三)筆順と画数……五七
(四)送りがな……五八
(五)音読みと訓読み……五八
(六)四字熟語……五九
(七)対義語・類義語……五八
(八)熟語作り……五九
(九)熟語の構成……六〇
(十)同じ読みの漢字……六一
(十一)漢字の書き取り……六〇

第9回模擬試験……六二
(一)漢字の読み……六二
(二)部首と部首名……六二
(三)筆順と画数……六三
(四)送りがな……六四
(五)音読みと訓読み……六四
(六)四字熟語……六五
(七)対義語・類義語……六四
(八)熟語作り……六五
(九)熟語の構成……六六
(十)同じ読みの漢字……六七
(十一)漢字の書き取り……六六

第10回模擬試験……六八
(一)漢字の読み……六八
(二)部首と部首名……六八
(三)筆順と画数……六九
(四)送りがな……七〇
(五)音読みと訓読み……七〇
(六)四字熟語……七一
(七)対義語・類義語……七〇
(八)熟語作り……七一
(九)熟語の構成……七二
(十)同じ読みの漢字……七三
(十一)漢字の書き取り……七二

第11回模擬試験……七四
(一)漢字の読み……七四
(二)部首と部首名……七四
(三)筆順と画数……七五
(四)送りがな……七六
(五)音読みと訓読み……七六
(六)四字熟語……七七
(七)対義語・類義語……七六
(八)熟語作り……七七
(九)熟語の構成……七八
(十)同じ読みの漢字……七九
(十一)漢字の書き取り……七八

第12回模擬試験……八〇
(一)漢字の読み……八〇
(二)部首と部首名……八〇
(三)筆順と画数……八一
(四)送りがな……八二
(五)音読みと訓読み……八二
(六)四字熟語……八三
(七)対義語・類義語……八二
(八)熟語作り……八三
(九)熟語の構成……八四
(十)同じ読みの漢字……八五
(十一)漢字の書き取り……八四

第13回模擬試験……八六
(一)漢字の読み……八六
(二)部首と部首名……八六
(三)筆順と画数……八七
(四)送りがな……八八
(五)音読みと訓読み……八八
(六)四字熟語……八九
(七)対義語・類義語……八八
(八)熟語作り……八九
(九)熟語の構成……九〇
(十)同じ読みの漢字……九一
(十一)漢字の書き取り……九〇

第14回模擬試験……九二
(一)漢字の読み……九二
(二)部首と部首名……九二
(三)筆順と画数……九三
(四)送りがな……九四
(五)音読みと訓読み……九四
(六)四字熟語……九五
(七)対義語・類義語……九四
(八)熟語作り……九五
(九)熟語の構成……九六
(十)同じ読みの漢字……九七
(十一)漢字の書き取り……九六

第1回 模擬試験

試験時間 60分
合格基準 140点
得点 /200点

(一)

次の――線の漢字の読みをひらがなで書きなさい。

20点 1×20

1 日本文化の源流をさぐる。（　　）
2 街路樹の若葉がうつくしい。（　　）
3 先頭に立って危機に立ち向かう。（　　）
4 これは私たちだけの秘密です。（　　）
5 被害を受けた人々を救済する。（　　）
6 この要求には筋道が通っている。（　　）
7 大型ロケットの発射に成功する。（　　）
8 物をそまつにする風潮が目立つ。（　　）
9 製品を作るために鋼材が必要だ。（　　）

(二)

次の漢字の部首と部首名を後の□の中から選び、記号で答えなさい。

10点 1×10

〈例〉私　部首（こ）　部首名（イ）

	部首	部首名
暮	1（　）	2（　）
盛	3（　）	4（　）
憲	5（　）	6（　）
尊	7（　）	8（　）
座	9（　）	10（　）

あ 心　い 宀　う 日　え 戈　お 寸
か 厂　き 皿　く 艹　け 广　こ 禾

10 推測で人のことを言うのはよくない。（　　）

11 会社の株を取り引きする。（　　）

12 現状に対する不満を並べる。（　　）

13 部下を従えて出張に出かける。（　　）

14 彼は善い行いを心がけている。（　　）

15 時計台のかねが正午を告げる。（　　）

16 毎年暮れには大そうじをする。（　　）

17 試合を前にあれこれ策を練る。（　　）

18 私と彼は机を並べて学んだ仲だ。（　　）

19 幼い弟の手をつないで買い物に行った。（　　）

20 大いなる義理とて愛のチョコレート。（　　）

ア まだれ　イ のぎへん　ウ がんだれ　エ くさかん むり　オ こころ　カ さら　キ ほこづくり・ほこがま え　ク すん　ケ ひ　コ うかんむり

（三） 次の漢字の**太い画**のところは**筆順の何画目か、また総画数は何画か、算用数字（1、2、3…）**で答えなさい。

10点 1×10

〈例〉 供　何画目（6）総画数（8）

宣　権　誤　鋼　評

	何画目	総画数
評	1（　）	2（　）
鋼	3（　）	4（　）
誤	5（　）	6（　）
権	7（　）	8（　）
宣	9（　）	10（　）

㈣ 次の――線の**カタカナ**の部分を**漢字一字と送りがな（ひらがな）**になおしなさい。

〈例〉 誕生日に友達をヨブ。（呼ぶ）

1 勉強は学生の**ツトメ**です。（　　）
2 二階から荷物を**オロス**。（　　）
3 本をしまった場所を**ワスレル**。（　　）
4 ミツバチが花のみつを**スウ**。（　　）
5 初日の出を両手を合わせて**オガム**。（　　）

／10点 2×5

㈤ 漢字の読みには**音**と**訓**があります。次の**熟語の読み**は□の中のどの組み合わせになっていますか。ア～エの**記号**で答えなさい。

ア 音と音　イ 音と訓
ウ 訓と訓　エ 訓と音

／20点 2×10

㈦ 後の□の中のひらがなを漢字になおして、**対義語**（意味が反対や対《つい》になることば）と、**類義語**（意味がよくにたことば）を書きなさい。□の中のひらがなは**一度だけ**使い、**漢字一字**を書きなさい。

／20点 2×10

対義語

圧勝―完（1）
異質―（2）質
整理―散（3）
運航―（4）航
通常―臨（5）

類義語

快調―（6）調
見学―参（7）
決行―（8）行
欠点―短（9）
原因―（10）由

（　　）（　　）（　　）（　　）（　　）（　　）（　　）（　　）（　　）（　　）

1 納税（　　）
2 場面（　　）
3 鼻歌（　　）
4 仕事（　　）
5 優美（　　）
6 砂場（　　）
7 新顔（　　）
8 歴訪（　　）
9 荷物（　　）
10 着物（　　）

(六)

次の**カタカナ**を**漢字**になおし、**一字だけ**書きなさい。

20点 2×10

1 **キ**成事実（　　）
2 先手必**ショウ**（　　）
3 悪**コウ**雑言（　　）
4 音信**フ**通（　　）
5 **メン**従腹背（　　）
6 表裏一**タイ**（　　）
7 日常**サ**飯（　　）
8 忘恩**フ**義（　　）
9 **バイ**雨前線（　　）
10 地産地**ショウ**（　　）

(八)

らん・じ・かん・り・ぱい
だん・どう・けっ・こう・しょ

後の□の中から漢字を選んで、次の意味にあてはまる**熟語**を作りなさい。答えは**記号**で書きなさい。

〈例〉学校から家に帰ること。（下校）シ|ク

10点 2×5

1 やりそこない。
2 温度が低い。
3 最も重要な部分。
4 身分が高くとうといこと。
5 簡単でかざりけのないようす。

ア子　イ高　ウ寒　エ簡　オ失　カ素
キ骨　ク校　ケ貴　コ冷　サ敗　シ下

(九)

漢字を二字組み合わせた熟語では、二つの漢字の間に意味の上で、次のような関係があります。

20点 2×10

ア　反対や対《つい》になる意味の字を組み合わせたもの（例…**前後**）

イ　同じような意味の字を組み合わせたもの（例…**道路**）

ウ　上の字が下の字の意味を説明（修飾《しょく》）しているもの（例…**紅葉**）

エ　下の字から上の字へ返って読むと意味がよくわかるもの（例…**育児**）

オ　上の字が下の字の意味を**打ち消し**ているもの（例…**無害**）

次の**熟語**は、右のア～オのどれにあたるか、**記号**で答えなさい。

1 幼少（　　）

2 熟読（　　）

3 不能（　　）

4 改装（　　）

6 縦断（　　）

7 勤務（　　）

8 無事（　　）

9 開閉（　　）

(十一)

次の――線の**カタカナ**を**漢字**になおしなさい。

40点 2×20

1 雨の少ない**イジョウ**気象が続く。（　　）

2 一月二日は新聞が**キュウカン**になる。（　　）

3 結論は**ジュッコウ**してから出しなさい。（　　）

4 今後の**ホウシン**をみんなで話し合う。（　　）

5 時間を**エンチョウ**して放送を続ける。（　　）

6 私鉄の**エンセン**には大きな団地が多い。（　　）

7 父はビルの建設に**ジュウジ**しています。（　　）

8 目上の人と話すときは**ケイゴ**を使う。（　　）

9 卒業式には市長が**リンセキ**する予定だ。（　　）

10 子供はまだ**ゼンアク**の区別がつかない。（　　）

5 善悪（　　　）

10 担任（　　　）

(十)

次の――線のカタカナを漢字になおしなさい。

20点 2×10

1 技術のカクシンが進む。（　　　）
2 成功をカクシンしている。（　　　）
3 サめたお茶を飲む。（　　　）
4 目がサめたら一〇時だった。（　　　）
5 野球の試合にカイショウする。（　　　）
6 この雨で水不足がカイショウする。（　　　）
7 医者のシジを守って療養する。（　　　）
8 ピアノを山本先生にシジする。（　　　）
9 あの人はチセイにあふれている。（　　　）
10 日本のチセイは起ふくに富んでいる。（　　　）

11 自治会の会費をオサめる。（　　　）
12 今日カギりで会社をやめます。（　　　）
13 なかなか首をタテにふらない。（　　　）
14 富士山のイタダキはもう雪で白い。（　　　）
15 ベランダに布団を出してホす。（　　　）
16 バザーに出す品物にネをつける。（　　　）
17 双子でも性格はずいぶんコトなる。（　　　）
18 道が分からなくてコマってしまった。（　　　）
19 当時のことを思い出すと心がイタむ。（　　　）
20 トんで火に入る夏の虫。（　　　）

第2回 模擬試験

試験時間 60分

合格基準 140点

得点 /200点

(一)

次の――線の漢字の読みをひらがなで書きなさい。

20点 1×20

1 文化財の保存に努めたい。（　　）
2 戦争の悲劇をなくしたい。（　　）
3 器用な手つきでつるを折る。（　　）
4 将来は映画俳優になりたい。（　　）
5 誤解のないように断っておく。（　　）
6 善戦むなしく負けてしまった。（　　）
7 歩道は歩行者専用の道路です。（　　）
8 クラスの男女の比率を調べる。（　　）
9 びんの中の水が蒸発してしまった。（　　）

(二)

次の漢字の部首と部首名を後の□の中から選び、記号で答えなさい。

10点 1×10

〈例〉私（こ）（イ）
部首　部首名

	部首	部首名
翌	1（　　）	2（　　）
拡	3（　　）	4（　　）
誌	5（　　）	6（　　）
我	7（　　）	8（　　）
聖	9（　　）	10（　　）

あ 言	い 戈	う 羽	え 心	お 扌
か 立	き 王	く 耳	け 厶	こ 禾

10 良いことか悪いことか判断に苦しむ。（　　）

11 夢中だったがふと我にかえった。（　　）

12 昔ここに城があったそうだ。（　　）

13 拝むように両手でお茶を持つ。（　　）

14 分単位に刻んで作業を進める。（　　）

15 病院で安静にして病気を治す。（　　）

16 強い風が校庭の砂を巻き上げる。（　　）

17 証明写真の裏に住所と氏名を書く。（　　）

18 テレビが現場の状況を生々しく映す。（　　）

19 遅刻した訳を話して許してもらう。（　　）

20 選挙カーの連呼聞ゆる登山口。（　　）

ア たつ　イ のぎへん　ウ ごんべん　エ みみ　オ む
カ おう　キ ほこづくり・ほこがまえ　ク てへん
ケ こころ　コ はね

(三)

次の漢字の**太い画**のところは**筆順の何画目か**、また**総画数は何画か**、**算用数字**（1、2、3…）で答えなさい。

10点（1×10）

〈例〉 供　何画目（6）　総画数（8）

	何画目	総画数
映	1（　　）	2（　　）
域	3（　　）	4（　　）
異	5（　　）	6（　　）
朗	7（　　）	8（　　）
欲	9（　　）	10（　　）

四

次の――線のカタカナの部分を漢字一字と送りがな（ひらがな）になおしなさい。

〈例〉誕生日に友達をヨブ。（呼ぶ）

1 自分の姿を鏡にウツス。（　　　）

2 解答のアヤマリを発見した。（　　　）

3 新聞の広告で職をサガス。（　　　）

4 インフルエンザのウタガイがある。（　　　）

5 イタル所に水たまりがあった。（　　　）

10点 2×5

五

漢字の読みには音と訓があります。次の熟語の読みは□の中のどの組み合わせになっていますか。ア〜エの記号で答えなさい。

ア 音と音	イ 音と訓
ウ 訓と訓	エ 訓と音

20点 2×10

七

後の□の中のひらがなを漢字になおして、対義語（意味が反対や対《つい》になることば）と、類義語（意味がよくにたことば）を書きなさい。□の中のひらがなは一度だけ使い、漢字一字を書きなさい。

対義語

公開―（1）密（　　　）

延長―短（2）（　　　）

集合―（3）散（　　　）

質問―回（4）（　　　）

借用―（5）済（　　　）

類義語

結果―結（6）（　　　）

傾向―（7）潮（　　　）

決意―決（8）（　　　）

休養―（9）養（　　　）

規則―規（10）（　　　）

20点 2×10

1 遊覧（　）
2 厚紙（　）
3 県境（　）
4 論証（　）
5 建具（　）
6 若草（　）
7 札束（　）
8 奥地（　）
9 真昼（　）
10 郵送（　）

(六)

次の**カタカナ**を**漢字**になおし、**一字だけ**書きなさい。

20点 2×10

1 **ム**病息災（　）
2 通信**ハン**売（　）
3 前後不**カク**（　）
4 一**ダイ**決心（　）
5 姉妹都**シ**（　）
6 臨機**オウ**変（　）
7 暴**イン**暴食（　）
8 突然**ヘン**異（　）
9 絶体絶**メイ**（　）
10 **チ**下資源（　）

(八)

後の□の中から漢字を選んで、次の意味にあてはまる**熟語**を作りなさい。答えは**記号**で書きなさい。

〈例〉 学校から家に帰ること。（下校）コ・イ

10点 2×5

とう・ふう・ひ・かい・てい
しゅく・へん・しん・せい・まつ

1 顔かたち。
2 ほしいと思う心。
3 病人の世話をすること。
4 明るくてほがらかなこと。
5 どうしようもなく困ること。

ア 護　イ 校　ウ 欲　エ 朗　オ 容　カ 明
キ 閉　ク 看　ケ 口　コ 下　サ 望　シ 姿

(九)

漢字を二字組み合わせた熟語では、二つの漢字の間に意味の上で、次のような関係があります。

20点 2×10

ア　反対や対《つい》になる意味の字を組み合わせたもの（例…**前後**）
イ　同じような意味の字を組み合わせたもの（例…**道路**）
ウ　上の字が下の字の意味を説明（修飾《しょく》）しているもの（例…**紅葉**）
エ　下の字から上の字へ返って読むと意味がよくわかるもの（例…**育児**）
オ　上の字が下の字の意味を**打ち消し**ているもの（例…**無害**）

次の**熟語**は、右のア〜オのどれにあたるか、**記号**で答えなさい。

1　未定（　　）
2　安否（　　）
3　晩年（　　）
4　改善（　　）
6　不調（　　）
7　洗顔（　　）
8　衆知（　　）
9　興亡（　　）

(十)

次の——線の**カタカナ**を**漢字**になおしなさい。

40点 2×20

1　ロケット**ハッシャ**一〇秒前です。（　　）
2　**ホンスジ**から外れた議論が続く。（　　）
3　卒業式は**ジュウライ**どおり行う。（　　）
4　谷川のせせらぎを**サイロク**する。（　　）
5　放課後は**ホシュウ**授業が行われる。（　　）
6　**チイキ**の人々との交流を深める。（　　）
7　写真を引きのばして**カクダイ**する。（　　）
8　重病人をつきっきりで**カンビョウ**する。（　　）
9　台風が近づいたので**ケイホウ**を発する。（　　）
10　無責任な行動は**ヒナン**されるでしょう。（　　）

5 分割（　）—10 縮小（　）

(十)

次の——線のカタカナを漢字になおしなさい。

20点 2×10

1 相手のイコウを聞く。（　）

2 明日イコウは晴れます。（　）

3 彼は頭のカイテンが速い。（　）

4 百貨店のカイテンは一〇時です。（　）

5 終点で乗客を全員オろす。（　）

6 網だなから荷物をオろす。（　）

7 ふろに入るとケッコウがよくなる。（　）

8 計画したことをケッコウにうつす。（　）

9 パーティーに招待されたがジタイした。（　）

10 被害者の救済が困難なジタイとなった。（　）

11 学校に欠席のトドけを出す。（　）

12 故郷をスてて都会に出る。（　）

13 この海域はシオの流れが速い。（　）

14 オサナいころを田舎町で過ごす。（　）

15 問題が解決して争いがオサまった。（　）

16 運動会にフルってご参加ください。（　）

17 野生の馬がムれをなしている。（　）

18 わがままを言うとはコマった人だ。（　）

19 ヨい行いをして父にほめられた。（　）

20 オビに短したすきに長し。（　）

第3回 模擬試験

試験時間 60分
合格基準 140点
得点 /200点

(一) 次の――線の漢字の読みをひらがなで書きなさい。 20点 1×20

1 誠実な人がらにひかれる。（　）
2 経験者の意見を尊重しよう。（　）
3 チューリップに肥料を与える。（　）
4 自ら志願して学級委員になる。（　）
5 彼の作品は創意に富んでいる。（　）
6 質疑のある方は挙手願います。（　）
7 優勝したいと意欲を燃やす。（　）
8 私鉄の沿線には有名な寺が多い。（　）
9 台風でかたむいた家を補修する。（　）

(二) 次の漢字の部首と部首名を後の□の中から選び、記号で答えなさい。 10点 1×10

〈例〉私 部首（こ） 部首名（イ）

	部首	部首名
痛	1（　）	2（　）
射	3（　）	4（　）
割	5（　）	6（　）
染	7（　）	8（　）
卵	9（　）	10（　）

あ 刂　い 寸　う 宀　え 木　お 身
か 氵　き 疒　く 卩　け 用　こ 禾

10 入試を目的に奮発して勉強にはげむ。（　　）
11 時計の針が一二時を指した。（　　）
12 この道を行くと駅に至る。（　　）
13 街路樹が雨に洗われている。（　　）
14 試合で大活躍して株を上げた。（　　）
15 ここに一列に並んでください。（　　）
16 牧場で馬の背に乗せてもらう。（　　）
17 病気で休演の女優の穴をうめる。（　　）
18 ささやかですがお納めください。（　　）
19 ごみを散らかさないように注意しよう。（　　）
20 着陸を待つ空港の星月夜。（　　）

ア さんずい　イ のぎへん　ウ もちいる　エ すん
オ き　カ み　キ わりふ・ふしづくり　ク うかんむ
り　ケ りっとう　コ やまいだれ

(三)

次の漢字の太い画のところは筆順の何画目か、また総画数は何画か、算用数字（1、2、3…）で答えなさい。

10点 1×10

〈例〉 供　何画目（6）　総画数（8）

	何画目	総画数
推	（1）	（2）
城	（3）	（4）
傷	（5）	（6）
純	（7）	（8）
縦	（9）	（10）

第3回

四

次の——線のカタカナの部分を漢字一字と送りがな（ひらがな）になおしなさい。

10点 2×5

〈例〉誕生日に友達をヨブ。（呼ぶ）

1 今年はキビシイ寒さだ。（　　）

2 茶わんを落としてワル。（　　）

3 自分のまちがいをミトメル。（　　）

4 彼の見事なわざに舌をマク。（　　）

5 高原の空気を胸いっぱいにスウ。（　　）

五

漢字の読みには音と訓があります。次の熟語の読みは□の中のどの組み合わせになっていますか。ア〜エの記号で答えなさい。

20点 2×10

ア 音と音	イ 音と訓
ウ 訓と訓	エ 訓と音

七

後の□の中のひらがなを漢字になおして、対義語（意味が反対や対《つい》になることば）と、類義語（意味がよくにたことば）を書きなさい。□の中のひらがなは一度だけ使い、漢字一字を書きなさい。

20点 2×10

対義語

安全—（1）険　（　　）

供給—需（2）　（　　）

悪化—（3）転　（　　）

安易—至（4）　（　　）

基本—（5）用　（　　）

類義語

感動—感（6）　（　　）

技量—（7）量　（　　）

感心—敬（8）　（　　）

願望—（9）願　（　　）

簡潔—簡（10）　（　　）

第3回

1 初耳（　　）
2 秘密（　　）
3 野宿（　　）
4 本音（　　）
5 朗報（　　）
6 痛手（　　）
7 駅前（　　）
8 手順（　　）
9 簡単（　　）
10 受付（　　）

(六)

次の**カタカナ**を**漢字**になおし、**一字だけ**書きなさい。

20点
2×10

1 理路**セイ**然（　　）
2 無**ガ**夢中（　　）
3 一日千**シュウ**（　　）
4 浅学**ヒ**才（　　）
5 再**サン**再四（　　）
6 **ヨ**備知識（　　）
7 平身低**トウ**（　　）
8 国際**シン**善（　　）
9 **コウ**共料金（　　）
10 故事来**レキ**（　　）

こう・おう・ねん・き・りき
よう・なん・たん・げき・ふく

(八)

後の□の中から漢字を選んで、次の意味にあてはまる**熟語**を作りなさい。答えは**記号**で書きなさい。

〈例〉学校から家に帰ること。（下校）キ カ

10点
2×5

1 やりかた。
2 けがをすること。
3 責任を持ってする仕事。
4 人の一生の終わりの時期。
5 時の流れの中のある決まった時。

ア 任　イ 策　ウ 時　エ 年　オ 傷　カ 校
キ 下　ク 刻　ケ 晩　コ 害　サ 方　シ 務

(九)

漢字を二字組み合わせた熟語では、二つの漢字の間に意味の上で、次のような関係があります。

20点
2×10

ア　反対や対《つい》になる意味の字を組み合わせたもの（例…**前後**）
イ　同じような意味の字を組み合わせたもの（例…**道路**）
ウ　上の字が下の字の意味を説明（修飾《しょく》）しているもの（例…**紅葉**）
エ　下の字から上の字へ返って読むと意味がよくわかるもの（例…**育児**）
オ　上の字が下の字の意味を**打ち消し**ているもの（例…**無害**）

次の**熟語**は、右のア～オのどれにあたるか、**記号**で答えなさい。

1　郵送（　　）
2　出勤（　　）
3　不利（　　）
4　尊重（　　）
6　月収（　　）
7　未熟（　　）
8　降雨（　　）
9　楼閣（　　）

(十一)

次の——線の**カタカナ**を**漢字**になおしなさい。

40点
2×20

1　応募作品について**コウヒョウ**する。（　　）
2　遠足の**ヨクジツ**は足が痛くて困った。（　　）
3　**ゲンゼン**たる事実を突き付ける。（　　）
4　**ジュンパク**な布をテーブルにかける。（　　）
5　小学生の読書の**ジッタイ**を調べる。（　　）
6　この詩は私が**ソウサク**したものです。（　　）
7　クレーン車で**コウザイ**をつり上げる。（　　）
8　このへんで**シツギ**を打ち切ります。（　　）
9　映画会の費用を千円ずつ**フタン**する。（　　）
10　真犯人が出て身の**ケッパク**が証明された。（　　）

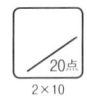

5 長短（　　）

10 天地（　　）

(十) 次の――線のカタカナを漢字になおしなさい。

20点 2×10

1 改定版を**カンコウ**する。（　　）
2 京都市内を**カンコウ**する。（　　）
3 机の**イドウ**を行う。（　　）
4 二つの文章に**イドウ**はない。（　　）
5 新幹線の**キテン**は東京駅だ。（　　）
6 とっさの場合の**キテン**がきく。（　　）
7 リーグへの**カメイ**を認める。（　　）
8 **カメイ**を使って新聞に投書する。（　　）
9 卓球は日本の**カンショウ**に終わった。（　　）
10 秋の月をながめて**カンショウ**にひたる。（　　）

11 川に**ソ**って歩いて行く。（　　）
12 日本はアジアの東に**ア**る。（　　）
13 **カイコ**のまゆから絹糸をとる。（　　）
14 注意が行き**トド**かなかった。（　　）
15 我を**ワス**れてテレビに見入る。（　　）
16 合戦の**マク**が切って落とされる。（　　）
17 弟と私は性格がまるで**コト**なる。（　　）
18 **シオ**が引いたように静かになる。（　　）
19 恩師のことを心から**ウヤマ**っています。（　　）
20 **ス**きこそ物の上手なれ。（　　）

第3回

第4回 模擬試験

試験時間 60分

合格基準 140点

得点 /200点

㈠ 次の――線の漢字の読みをひらがなで書きなさい。

20点 1×20

1 党派をこえて協力し合う。（　）
2 わかりやすくて簡潔に話す。（　）
3 歌詞を忘れて歌えなくなる。（　）
4 問題文中の疑問点を列挙する。（　）
5 教会では日曜に礼拝が行われる。（　）
6 疲れが極限に達しついに倒れた。（　）
7 緊張して実力を発揮できなかった。（　）
8 彼は幼少のころから英語を学んだ。（　）
9 世相を反映した事件が多発している。（　）

㈡ 次の漢字の部首と部首名を後の□の中から選び、記号で答えなさい。

10点 1×10

〈例〉私（こ）（イ）　部首　部首名

	部首	部首名
処	1（　）	2（　）
郷	3（　）	4（　）
奏	5（　）	6（　）
后	7（　）	8（　）
灰	9（　）	10（　）

あ 幺　い 阝　う 大　え 人　お 口
か 火　き 厂　く 几　け 夂　こ 禾

10 コートでレシーブの仕方を特訓する。（　　）

11 子供が転んで泣いている。（　　）

12 海岸に沿って列車が走る。（　　）

13 うわさが学校中に伝わった。（　　）

14 先生に相談して不安を除く。（　　）

15 庭にいる父が私の名を呼んだ。（　　）

16 ジェット機が筋を引いて飛ぶ。（　　）

17 干ばつで作物がだめになった。（　　）

18 私にはこんな仕事は勤まらない。（　　）

19 不況対策を盛った条例を制定する。（　　）

20 コスモスも包帯の子も風の中。（　　）

ア つくえ　イ のぎへん　ウ ひ　エ ひと　オ だい
カ すいにょう・ふゆがしら　キ よう・いとがしら
ク くち　ケ がんだれ　コ おおざと

(三) 次の漢字の**太い画**のところは**筆順の何画目**か、また**総画数は何画**か、**算用数字**（1、2、3…）で答えなさい。

10点 1×10

〈例〉 供　何画目（6）　総画数（8）

漢字	何画目	総画数
優	1（　）	2（　）
模	3（　）	4（　）
訳	5（　）	6（　）
棒	7（　）	8（　）
秘	9（　）	10（　）

四

次の――線のカタカナの部分を漢字一字と送りがな（ひらがな）になおしなさい。

10点 2×5

〈例〉誕生日に友達をヨブ。（呼ぶ）

1 畑のわきに土をモル。（　　）

2 弓矢で遠くの的をイル。（　　）

3 検算で計算のアヤマリを見つけた。（　　）

4 世にショスル術を身につける。（　　）

5 ストーブをつけて教室をアタタメル。（　　）

五

漢字の読みには音と訓があります。次の熟語の読みは□の中のどの組み合わせになっていますか。ア〜エの記号で答えなさい。

20点 2×10

ア 音と音	イ 音と訓
ウ 訓と訓	エ 訓と音

七

後の□の中のひらがなを漢字になおして、対義語（意味が反対や対《つい》になることば）と、類義語（意味がよくにたことば）を書きなさい。□の中のひらがなは一度だけ使い、漢字一字を書きなさい。

20点 2×10

対義語

減少―（1）加（　　）

冷静―興（2）（　　）

専任―（3）任（　　）

現実―空（4）（　　）

略装―（5）装（　　）

類義語

価格―（6）段（　　）

快活―活（7）（　　）

過去―（8）時（　　）

拡大―拡（9）（　　）

原料―（10）料（　　）

1 手本（　　）
2 展示（　　）
3 親身（　　）
4 真綿（　　）
5 奮起（　　）
6 茶色（　　）
7 植木（　　）
8 絹地（　　）
9 定刻（　　）
10 家路（　　）

六

次の**カタカナ**を**漢字**になおし、**一字だけ**書きなさい。

20点
2×10

1 **ホウ**年満作（　　）
2 一意専**シン**（　　）
3 千差**バン**別（　　）
4 立**シン**出世（　　）
5 **ロウ**若男女（　　）
6 正当防**エイ**（　　）
7 **サイ**長補短（　　）
8 文明開**カ**（　　）
9 時代**コウ**証（　　）
10 減**シュウ**減益（　　）

ぞう・せい・けん・おう・ちょう
ふん・そう・ね・ぱつ・ざい

八

後の□の中から漢字を選んで、次の意味にあてはまる**熟語**を作りなさい。答えは**記号**で書きなさい。

〈例〉 学校から家に帰ること。（下校）サ｜ク

10点
2×5

1 ものの道理。
2 うやまう気持ち。
3 ひと目で見えるはんい。
4 正直でまじめなこと。
5 仕事や勉強によくはげむこと。

ア 野	イ 道	ウ 実	エ 意	オ 忠	カ 勉
キ 筋	ク 校	ケ 敬	コ 視	サ 下	シ 勤

(九)

漢字を二字組み合わせた熟語では、二つの漢字の間に意味の上で、次のような関係があります。

20点
2×10

ア　反対や対《つい》になる意味の字を組み合わせたもの（例…**前後**）
イ　同じような意味の字を組み合わせたもの（例…**道路**）
ウ　上の字が下の字の意味を説明（修飾《しょく》）しているもの（例…**紅葉**）
エ　下の字から上の字へ返って読むと意味がよくわかるもの（例…**育児**）
オ　上の字が下の字の意味を**打ち消し**ているもの（例…**無害**）

次の**熟語**は、右のア〜オのどれにあたるか、**記号**で答えなさい。

1　高低（　　）
2　私営（　　）
3　非運（　　）
4　帰郷（　　）
6　発着（　　）
7　看病（　　）
8　不信（　　）
9　困苦（　　）

(十)

次の――線の**カタカナ**を**漢字**になおしなさい。

40点
2×20

1　発言力が**カクダン**に大きくなる。（　　）
2　いそがしくて頭が**コンラン**する。（　　）
3　テストは**ワリアイ**にやさしかった。（　　）
4　交通**シベン**の地に住宅を建てる。（　　）
5　秋は食欲が**ゾウシン**する季節です。（　　）
6　駅の周辺は住宅が**ミッシュウ**している。（　　）
7　**ホウリツ**を学んで弁護士になりたい。（　　）
8　閉会後も観衆の**コウフン**は続いた。（　　）
9　人間の**ソンゲン**はおかしてはならない。（　　）
10　手紙によっておおよその**スイサツ**がつく。（　　）

5 推進（　）

10 純愛（　）

(十) 次の——線のカタカナを漢字になおしなさい。

20点 2×10

1 半年ぶりにキコウする。（　）
2 会社のキコウを改善する。（　）
3 二、三日キュウヨウをとる。（　）
4 母はキュウヨウで出かけました。（　）
5 大臣が国会でゲンメイする。（　）
6 口外しないようにゲンメイする。（　）
7 スポーツカーがカイソクで走る。（　）
8 カイソクに従って会を運営する。（　）
9 毎日の努力が成果をアラワす。（　）
10 心に思っていることを文章でアラワす。（　）
11 約束をもう一度タシかめる。（　）
12 寒くて首をチヂめて歩く。（　）
13 先祖の墓に花をソナえる。（　）
14 父親に顔立ちがニている。（　）
15 法律に基づいて罪をサバく。（　）
16 事情を説明して疑いをトく。（　）
17 そのネクタイは服によくウツる。（　）
18 会議はもう一時間以上ノびている。（　）
19 めんどうなことでもココロヨく引き受ける。（　）
20 先んずれば人をセイす。（　）

第5回 模擬試験

試験時間 60分

合格基準 140点

得点 /200点

(一) 次の――線の漢字の読みをひらがなで書きなさい。

20点 1×20

1 内閣の首班に任命された。（　）（　）
2 改正すべき条項を討議する。（　）（　）
3 この金の純度はとても高い。（　）（　）
4 入学試験の難関をとっぱする。（　）（　）
5 天気が悪いので遠足は延期だ。（　）（　）
6 賃金は銀行口座に振り込まれる。（　）（　）
7 本を熟読して感想を書きなさい。（　）（　）
8 病気に感染しないように予防する。（　）（　）
9 私の提案は反対多数で否決された。（　）（　）

(二) 次の漢字の部首と部首名を後の□の中から選び、記号で答えなさい。

10点 1×10

〈例〉私（こ）（イ）　部首　部首名

	部首	部首名
暖	1（　）	2（　）
幕	3（　）	4（　）
姿	5（　）	6（　）
延	7（　）	8（　）
蚕	9（　）	10（　）

あ 夂	い 巾	う ⺍	え 日	お 虫
か 大	き 冫	く 女	け 艹	こ 禾

10 病気の祖母につきっきりで看病する。（　　）
11 集団の中で我を意識する。（　　）
12 健康な体はなによりの宝だ。（　　）
13 どう上げされて体が宙にまう。（　　）
14 うわさを立てられて傷ついた。（　　）
15 うまい話には必ず裏がある。（　　）
16 大雪で鉄道のダイヤが乱れる。（　　）
17 問題が解決して争いが収まった。（　　）
18 階段で転んで足の骨を折った。（　　）
19 激しい痛みに思わずしゃがみこんだ。（　　）
20 母の日も子の残したるもの食べて。（　　）

ア にすい　イ のぎへん　ウ おんな　エ えんにょう
オ くさかんむり　カ つめかんむり・つめがしら
キ はば　ク だい　ケ ひへん　コ むし

(三)

次の漢字の**太い画のところは筆順の何画目か、また総画数は何画か、算用数字**（1、2、3…）で答えなさい。

10点 1×10

〈例〉 供　何画目（6）　総画数（8）

	何画目	総画数
障	1（　）	2（　）
署	3（　）	4（　）
統	5（　）	6（　）
済	7（　）	8（　）
複	9（　）	10（　）

四 次の——線の**カタカナ**の部分を**漢字一字と送りがな（ひらがな）**になおしなさい。

10点 2×5

〈例〉誕生日に友達をヨブ。（呼ぶ）

1 手術のあとが少し**イタム**。（　　）

2 道に積もった雪を**ノゾク**。（　　）

3 乗り**オリ**する客の多い駅。（　　）

4 水道のじゃ口から水が**タレル**。（　　）

5 前の車とのきょりを**チヂメル**。（　　）

五 漢字の読みには**音**と**訓**があります。次の**熟語の読み**は□の中のどの組み合わせになっていますか。ア〜エの**記号**で答えなさい。

20点 2×10

ア 音と音	イ 音と訓
ウ 訓と訓	エ 訓と音

七 後の□の中のひらがなを漢字になおして、**対義語**（意味が反対や対《つい》になることば）と、**類義語**（意味がよくにたことば）を書きなさい。□の中のひらがなは**一度だけ**使い、**漢字一字**を書きなさい。

20点 2×10

対義語

同質―（1）質　（　　）

確信―疑（2）　（　　）

得意―（3）意　（　　）

拡大―縮（4）　（　　）

登場―（5）場　（　　）

類義語

外観―外（6）　（　　）

改造―（7）革　（　　）

運送―運（8）　（　　）

改正―（9）正　（　　）

内訳―明（10）　（　　）

1 街角（　　）
2 王手（　　）
3 白地（　　）
4 登庁（　　）
5 株主（　　）
6 下地（　　）
7 存亡（　　）
8 宿場（　　）
9 内訳（　　）
10 温暖（　　）

(六)

次の**カタカナ**を**漢字**になおし、**一字だけ**書きなさい。

20点 2×10

1 私**リ**私欲（　　）
2 急転直**カ**（　　）
3 **コウ**明正大（　　）
4 救**キュウ**病院（　　）
5 出処進**タイ**（　　）
6 事実**ム**根（　　）
7 **シタ**先三寸（　　）
8 油断大**テキ**（　　）
9 **ニジュウ**人格（　　）
10 悪事**セン**里（　　）

しょう・けん・ねん・ゆ・さい
い・へん・しつ・たい・しゅう

(八)

後の□の中から漢字を選んで、次の意味にあてはまる**熟語**を作りなさい。答えは**記号**で書きなさい。

〈例〉学校から家に帰ること。（下校）コ カ

10点 2×5

1 やさしいこと。
2 ほんの少しの間。
3 広げて大きくすること
4 よく調べて研究すること。
5 ほかのものより先にすること。

ア 時	イ 容	ウ 優	エ 拡	オ 討	カ 校
キ 片	ク 検	ケ 易	コ 下	サ 張	シ 先

第5回

(九)

漢字を二字組み合わせた熟語では、二つの漢字の間に意味の上で、次のような関係があります。

20点 2×10

ア　反対や対《つい》になる意味の字を組み合わせたもの（例…**前後**）

イ　同じような意味の字を組み合わせたもの（例…**道路**）

ウ　上の字が下の字の意味を説明（修飾《しょく》）しているもの（例…**紅葉**）

エ　下の字から上の字へ返って読むと意味がよくわかるもの（例…**育児**）

オ　上の字が下の字の意味を**打ち消し**ているもの（例…**無害**）

次の**熟語**は、右のア～オのどれにあたるか、**記号**で答えなさい。

1 樹立（　）

2 加減（　）

3 就任（　）

4 不用（　）

6 正誤（　）

7 救済（　）

8 洗顔（　）

9 無期（　）

(十)

次の――線の**カタカナ**を**漢字**になおしなさい。

40点 2×20

1 水道管が**ジュウオウ**に走っている。（　）

2 みごとな演技が**ゼッサン**される。（　）

3 出品作が評論家に**ゲキショウ**される。（　）

4 世界情勢について**コウエン**する。（　）

5 **センユウ**している権利を有効に使う。（　）

6 建設現場で作業の**シキ**をとる。（　）

7 大きな失敗をして**コウカク**される。（　）

8 両者の言い分を聞いて**サイケツ**する。（　）

9 有名になりたいという**ヨクボウ**をいだく。（　）

10 おびただしい**グンゼイ**が城にせめよせる。（　）

5 難題（　）―10 至急（　）

(十)

次の――線のカタカナを漢字になおしなさい。

20点 2×10

1 集合場所をシテイする。（　）
2 二人はシテイの間がらだ。（　）
3 友だちの助けをキタイする。（　）
4 キタイの故障で不時着する。（　）
5 公務にシジョウをはさむな。（　）
6 当選者はシジョウで発表された。（　）
7 研究のカテイを報告する。（　）
8 それはあくまでカテイの話です。（　）
9 キセイをかねた旅行をする。（　）
10 混乱をさけるために交通をキセイする。（　）

11 申告の手続きをスます。（　）
12 逃げた犬を町中サガし回る。（　）
13 卒業してから一〇年をへた。（　）
14 京都から大阪にイタる道路。（　）
15 この成績では合格はアブない。（　）
16 地下鉄が郊外にまでノびる。（　）
17 列車のデッキからとびオりる。（　）
18 万一のときにソナえて話をしておく。（　）
19 これはウタガう余地のない事実である。（　）
20 ワラう門には福来る。（　）

第5回

第6回 模擬試験

試験時間 60分
合格基準 140点
得点 /200点

(一)

次の――線の**漢字の読み**を**ひらがな**で書きなさい。

20点 1×20

1 学級委員の役割をきめる。（　　）
2 毎晩寝る前に日記をつける。（　　）
3 列車の窓がわに座席をとる。（　　）
4 彼の努力には心から敬服する。（　　）
5 まぬけな話に腹立たしくなる。（　　）
6 古墳は大切な文化遺産である。（　　）
7 この町のことなら熟知している。（　　）
8 優勝するまでに試練が多かった。（　　）
9 年代によって考え方に断層がある。（　　）

(二)

次の漢字の**部首**と**部首名**を後の□の中から選び、**記号**で答えなさい。

10点 1×10

〈例〉私　部首（こ）　部首名（イ）

漢字	部首	部首名
欲	1（　）	2（　）
亡	3（　）	4（　）
警	5（　）	6（　）
探	7（　）	8（　）
裁	9（　）	10（　）

あ 亠	い 土	う 言	え 扌	お 攵
か 欠	き 衣	く 口	け 冖	こ 禾

10 姉がアメリカに留学するのは必至だ。（　　）
11 海岸線に沿って道が続いている。（　　）
12 ごみはごみ箱に捨てよう。（　　）
13 新しい友人の名前を覚える。（　　）
14 幕が上がって劇が始まった。（　　）
15 毎日広場を通って学校へ通う。（　　）
16 母は細かいところまで注意が届く。（　　）
17 学校の電話番号を電話帳で探す。（　　）
18 台風でまだ若いなえ木が倒された。（　　）
19 山々がきりの中からその姿を現す。（　　）
20 さまざまの事おもひ出す桜かな。（　　）

ア げん　イ のぎへん　ウ くち　エ あくび・かける
オ つち　カ こころ　キ てへん　ク のぶん・ぼくづく
リ　ケ わかんむり　コ なべぶた・けいさんかんむり

（三） 次の漢字の太い画のところは筆順の何画目か、また総画数は何画か、算用数字（1、2、3…）で答えなさい。 10点 1×10

〈例〉 供　何画目（6）　総画数（8）

	何画目	総画数
激	1（　）	2（　）
劇	3（　）	4（　）
筋	5（　）	6（　）
胸	7（　）	8（　）
絹	9（　）	10（　）

(四)

次の——線のカタカナの部分を**漢字一字と送りがな（ひらがな）**になおしなさい。

10点　2×5

〈例〉誕生日に友達をヨブ。（呼ぶ）

1 落し物を交番に**トドケル**。（　　）

2 解答の**アヤマリ**を発見した。（　　）

3 道が分かりにくて**コマル**。（　　）

4 自転車の二人乗りは**アブナイ**。（　　）

5 みんなのものをこっそり**ワタクシスル**。（　　）

(五)

漢字の読みには**音**と**訓**があります。次の**熟語の読み**は□の中のどの組み合わせになっていますか。ア～エの**記号**で答えなさい。

20点　2×10

ア 音と音	イ 音と訓
ウ 訓と訓	エ 訓と音

(七)

後の□の中のひらがなを漢字になおして、**対義語**（意味が反対や対《つい》になることば）と、**類義語**（意味がよくにたことば）を書きなさい。□の中のひらがなは**一度だけ**使い、**漢字一字**を書きなさい。

20点　2×10

対義語

満潮—（1）潮（　　）

義務—権（2）（　　）

本校—（3）校（　　）

安全—危（4）（　　）

正夢—（5）夢（　　）

類義語

限界—限（6）（　　）

一般—（7）通（　　）

意志—意（8）（　　）

機運—好（9）（　　）

容態—病（10）（　　）

1 似顔（　）（　）
2 創立（　）（　）
3 新型（　）（　）
4 場所（　）（　）
5 推進（　）（　）
6 片側（　）（　）
7 石段（　）（　）
8 本箱（　）（　）
9 尊重（　）（　）
10 裏庭（　）（　）

六

次の**カタカナ**を**漢字**になおし、**一字だけ**書きなさい。

20点 2×10

1 大**ギ**名分（　）
2 外交**ジ**令（　）
3 **コ**今東西（　）
4 心機一**テン**（　）
5 質疑**オウ**答（　）
6 自**ガ**自賛（　）
7 **シ**苦八苦（　）
8 一進一**タイ**（　）
9 立**チ**条件（　）
10 処女**コウ**海（　）

けん・かん・ど・こう・じょう
り・き・さか・ふ・ぶん

八

後の□の中から漢字を選んで、次の意味にあてはまる**熟語**を作りなさい。答えは**記号**で書きなさい。

〈例〉学校から家に帰ること。（下校）キカ

10点 2×5

1 じゃまになること。
2 心を奮い起こすこと。
3 使いやすく役に立つこと。
4 深く心にきざみつけるようす。
5 機械を動かして仕事をすること。

ア 重　イ 奮　ウ 業　エ 深　オ 害　カ 校
キ 下　ク 宝　ケ 操　コ 刻　サ 障　シ 発

第6回

(九)

漢字を二字組み合わせた熟語では、二つの漢字の間に意味の上で、次のような関係があります。

20点 2×10

ア 反対や対《つい》になる意味の字を組み合わせたもの（例…**前後**）
イ 同じような意味の字を組み合わせたもの（例…**道路**）
ウ 上の字が下の字の意味を説明（修飾《しょく》）しているもの（例…**紅葉**）
エ 下の字から上の字へ返って読むと意味がよくわかるもの（例…**育児**）
オ 上の字が下の字の意味を**打ち消し**ているもの（例…**無害**）

次の**熟語**は、右のア〜オのどれにあたるか、**記号**で答えなさい。

1 握手（　　）
2 温泉（　　）
3 勝負（　　）
4 優秀（　　）
6 質疑（　　）
7 若草（　　）
8 開閉（　　）
9 樹木（　　）

(十)

次の――線の**カタカナ**を**漢字**になおしなさい。

40点 2×20

1 国の**ザイゲン**はおもに税金です。（　　）
2 化学工業の**ハッテン**はめざましい。（　　）
3 業績を上げるために**セイキン**する。（　　）
4 病人の前で病気の話は**キンク**だ。（　　）
5 料理に**サトウ**を加えてあまくする。（　　）
6 多くの人が**スイショウ**する話題の映画。（　　）
7 線路と**ヘイコウ**して国道が走っている。（　　）
8 新製品は使いやすいので**コウヒョウ**です。（　　）
9 人気のアニメが春休みに**ジョウエイ**される。（　　）
10 計画は思わぬ**ショウガイ**にぶつかった。（　　）

5 不法（　）

10 無欲（　）

(十)

次の――線のカタカナを漢字になおしなさい。

20点 2×10

1 読書のカンソウをまとめる。（　）

2 マラソンでカンソウする。（　）

3 弟はいまキュウショク活動中です。（　）

4 キュウショクは残さず食べよう。（　）

5 シシンを他人に読まれた。（　）

6 クラブ活動のシシンを示す。（　）

7 合格できるカゲンの点数。（　）

8 今日は体のカゲンが悪い。（　）

9 停電で工事がシショウをきたす。（　）

10 バスの事故で五人がシショウした。（　）

11 会議で意見が二つにワれた。（　）

12 娘の婚礼がめでたくスんだ。（　）

13 犯人は口をトざしたままだ。（　）

14 日曜日をノゾいていつもひまだ。（　）

15 案内係にシタガって会場に入った。（　）

16 わにのカワのハンドバックを買う。（　）

17 都会のクらしは母には合わない。（　）

18 友人が一カ月ぶりにスガタを見せた。（　）

19 その選手は世界記録を五秒チヂめた。（　）

20 初心ワスるべからず。（　）

第6回

第7回 模擬試験

試験時間 60分
合格基準 140点
得点 /200点

(一)

次の——線の漢字の読みをひらがなで書きなさい。

20点 1×20

1 母には和服がよく似合う。（　）
2 毎日電車で通勤している。（　）
3 整備不良に起因する事故だ。（　）
4 一万人の群衆がおし寄せた。（　）
5 当選をねらって裏で画策する。（　）
6 六年一組の担任は山田先生です。（　）
7 私は将来野球選手になりたい。（　）
8 合格をいのって神社に参拝する。（　）
9 びっくりして心臓がどきどきした。（　）

(二)

次の漢字の部首と部首名を後の□の中から選び、記号で答えなさい。

10点 1×10

〈例〉私　部首（こ）　部首名（イ）

頂　難　衆　疑　泉

	部首	部首名
頂	1（　）	2（　）
難	3（　）	4（　）
衆	5（　）	6（　）
疑	7（　）	8（　）
泉	9（　）	10（　）

あ 艹　い 隹　う 血　え 匕　お 一
か 疋　き 頁　く 水　け 白　こ 禾

10 政府は事態を重視して調査を始めた。（　　）
11 さわぎを収めたのは彼です。（　　）
12 雨で運動会が来週に延びた。（　　）
13 激しい雨と風が雨戸をたたく。（　　）
14 新鮮な野菜を友人宅へ届ける。（　　）
15 風が静まるのを待って出航する。（　　）
16 本が多くて本だなに納まらない。（　　）
17 大声を出しすぎてのどを痛める。（　　）
18 飼っているカナリヤが卵を生んだ。（　　）
19 ハンドル操作を誤って川に転落した。（　　）
20 父の背を流すごとくに墓洗ふ。（　　）

第7回

ア おおがい　イ のぎへん　ウ ふるとり　エ しろ
オ ひ　カ みず　キ くさかんむり　ク ひき　ケ ち
コ いち

(三)

次の漢字の**太い画**のところは**筆順の何画目**か、また**総画数は何画**か、**算用数字**（1、2、3…）で答えなさい。

10点 1×10

〈例〉供　何画目（6）　総画数（8）

	何画目	総画数
輸	1（　）	2（　）
操	3（　）	4（　）
層	5（　）	6（　）
創	7（　）	8（　）
誠	9（　）	10（　）

(四)

次の――線のカタカナの部分を漢字一字と送りがな（ひらがな）になおしなさい。

10点 2×5

〈例〉誕生日に友達をヨブ。（呼ぶ）

1 髪の毛を茶色にソメル。（　　）

2 アタタカイ南風が吹いてきた。（　　）

3 ねらいをさだめて矢をイル。（　　）

4 職員室にコピーの機械をソナエル。（　　）

5 今度の大会は優勝するのはムズカシイ。（　　）

(五)

漢字の読みには音と訓があります。次の熟語の読みは□の中のどの組み合わせになっていますか。ア～エの記号で答えなさい。

20点 2×10

ア 音と音	イ 音と訓
ウ 訓と訓	エ 訓と音

(七)

後の□の中のひらがなを漢字になおして、対義語（意味が反対や対《つい》になることば）と、類義語（意味がよくにたことば）を書きなさい。□の中のひらがなは一度だけ使い、漢字一字を書きなさい。

20点 2×10

対義語

復習―（1）習　（　　）

欠点―長（2）　（　　）

発注―（3）注　（　　）

結合―分（4）　（　　）

禁止―（5）可　（　　）

類義語

感覚―（6）覚　（　　）

刊行―出（7）　（　　）

革新―（8）革　（　　）

感動―感（9）　（　　）

格言―（10）言　（　　）

1 常宿（　　）
2 処理（　　）
3 背中（　　）
4 値段（　　）
5 黒潮（　　）
6 成熟（　　）
7 指図（　　）
8 砂場（　　）
9 台所（　　）
10 創造（　　）

(六)

次の**カタカナ**を**漢字**になおし、**一字だけ**書きなさい。

20点 2×10

1 一**ボウ**千里（　　）
2 十人十**イロ**（　　）
3 意気投**ゴウ**（　　）
4 **テン**変地異（　　）
5 門**ガイ**不出（　　）
6 自給自**ソク**（　　）
7 **ダイ**同団結（　　）
8 定期**ヨ**金（　　）
9 天下一**ピン**（　　）
10 不**カ**抗力（　　）

り・ぱん・めい・きょ・しょ
ち・よ・じゅ・かい・きん

(八)

後の□の中から漢字を選んで、次の意味にあてはまる**熟語**を作りなさい。答えは**記号**で書きなさい。

〈例〉学校から家に帰ること。（下校）ク オ

10点 2×5

1 危ない状態。
2 大変急ぐこと。
3 まじりけのないようす。
4 名がよく知られていること。
5 物事の順序だったすじみち。

ア 至　イ 名　ウ 純　エ 機　オ 校　カ 危
キ 系　ク 下　ケ 然　コ 統　サ 著　シ 急

(九)

漢字を二字組み合わせた熟語では、二つの漢字の間に意味の上で、次のような関係があります。

20点
2×10

ア　反対や対《つい》になる意味の字を組み合わせたもの（例…**前後**）

イ　同じような意味の字を組み合わせたもの（例…**道路**）

ウ　上の字が下の字の意味を説明（修飾《しょく》）しているもの（例…**紅葉**）

エ　下の字から上の字へ返って読むと意味がよくわかるもの（例…**育児**）

オ　上の字が下の字の意味を**打ち消し**ているもの（例…**無害**）

次の**熟語**は、右のア～オのどれにあたるか、**記号**で答えなさい。

1　軽視（　　）

2　拡張（　　）

3　未刊（　　）

4　得失（　　）

6　定刻（　　）

7　下車（　　）

8　非行（　　）

9　延期（　　）

(十一)

次の――線の**カタカナ**を**漢字**になおしなさい。

40点
2×20

1　何事も**セイイ**をもってする。（　　）

2　事実であることを**ケンショウ**する。（　　）

3　**ゲキドウ**する国際情勢を分析する。（　　）

4　電車が**コショウ**して一時間遅れた。（　　）

5　研究の**コッシ**をまとめて発表する。（　　）

6　自由とわがままを**コンドウ**するな。（　　）

7　学級委員としての**ニンム**を果たす。（　　）

8　動物園のパンダが人気を**ヨ**んでいる。（　　）

9　日本では**リッケン**政治が行われている。（　　）

10　強い**ギャクフウ**で思うように前進できない。（　　）

5 改革（　　）　10 寒暖（　　）

(十)

次の――線のカタカナを漢字になおしなさい。

20点　2×10

1 証書のテイジを求める。（　　）
2 全員テイジに集合のこと。（　　）
3 事故の原因をカイメイする。（　　）
4 藤吉郎は秀吉とカイメイした。（　　）
5 一日に二回コウギョウする。（　　）
6 日本はコウギョウが発達している。（　　）
7 事故にあったがケイショウですんだ。（　　）
8 名高いケイショウの地として知られている。（　　）
9 知識を得ようとツトめる。（　　）
10 運動会の進行係をツトめる。（　　）

11 法律に基づいて罪をサバく。（　　）
12 オガんで引き受けてもらう。（　　）
13 アナをほって宝物をかくす。（　　）
14 受験生に辞書の持ちこみをミトめる。（　　）
15 在庫品をスて値で処分する。（　　）
16 発想のミナモトを外国から吸収する。（　　）
17 ラーメンのスープを飲みホす。（　　）
18 フランス語の話せる人をサガす。（　　）
19 長年の苦労がキザまれた老人の顔。（　　）
20 ナサけは人のためならず。（　　）

第7回

第8回 模擬試験

試験時間 60分

合格基準 140点

得点 /200点

(一)

次の——線の漢字の読みをひらがなで書きなさい。

20点（1×20）

1 光を鏡に当てて反射させる。（　　）
2 口うるさい上司を敬遠する。（　　）
3 香港を経由して中国へ行く。（　　）
4 夏は冬服をおしいれに収納する。（　　）
5 決勝にそなえ体力を温存する。（　　）
6 朝礼のあとにラジオ体操をする。（　　）
7 美術館が所蔵する名画は多い。（　　）
8 湖のほとりに古城が建っています。（　　）
9 冷害で米の実収は予想を下回った。（　　）

(二)

次の漢字の部首と部首名を後の□の中から選び、記号で答えなさい。

10点（1×10）

〈例〉私　部首（こ）　部首名（イ）

	部首	部首名
段	1（　）	2（　）
糖	3（　）	4（　）
就	5（　）	6（　）
危	7（　）	8（　）
専	9（　）	10（　）

あ 尢	い 卩	う 日	え 米	お 小
か 寸	き 又	く 殳	け 广	こ 禾

10 名前を呼び捨てにする。（　）
11 和服を着た姿を鏡に映す。（　）
12 母に従って親せきに行く。（　）
13 才能の不足を努力で補う。（　）
14 猛犬を放し飼いにしている。（　）
15 若いうちに見聞を広めたい。（　）
16 的を射てみごとに命中させた。（　）
17 都会の生活にもやっと慣れた。（　）
18 小学生には難しすぎる問題だ。（　）
19 どうにも腹の虫が収まらない。（　）
20 胸にさしくすぐったいぞ赤い羽根。（　）

ア また　イ のぎへん　ウ わりふ・ふしづくり
エ まだれ　オ こめへん　カ るまた・ほこづくり
キ しよう　ク すん　ケ ひ　コ だいのまげあし

第8回

(三)

次の漢字の**太い画**のところは**筆順の何画目**か、また**総画数は何画**か、**算用数字**（1、2、3…）で答えなさい。

10点 1×10

〈例〉供　何画目（6）総画数（8）

	何画目	総画数
源	1（　）	2（　）
蔵	3（　）	4（　）
砂	5（　）	6（　）
探	7（　）	8（　）
策	9（　）	10（　）

四

次の――線のカタカナの部分を漢字一字と送りがな（ひらがな）になおしなさい。

10点 2×5

〈例〉誕生日に友達をヨブ。（呼ぶ）

1 むりをして命をチヂメル。（　　）

2 電車のつり革に手がトドク。（　　）

3 法律に基づいて公平にサバク。（　　）

4 コマッタことに雨が降りだした。（　　）

5 落としたコンタクトレンズをサガス。（　　）

五

漢字の読みには音と訓があります。次の熟語の読みは□の中のどの組み合わせになっていますか。ア〜エの記号で答えなさい。

20点 2×10

ア 音と音	イ 音と訓
ウ 訓と訓	エ 訓と音

七

後の□の中のひらがなを漢字になおして、対義語（意味が反対や対《つい》になることば）と、類義語（意味がよくにたことば）を書きなさい。□の中のひらがなは一度だけ使い、漢字一字を書きなさい。

20点 2×10

対義語

相対―（1）対　（　　）

期待―失（2）　（　　）

達筆―（3）筆　（　　）

安心―心（4）　（　　）

着陸―（5）陸　（　　）

類義語

疑念―疑（6）　（　　）

結束―（7）結　（　　）

創設―創（8）　（　　）

節約―（9）約　（　　）

全治―全（10）　（　　）

1 深刻（　　）
2 裏庭（　　）
3 本場（　　）
4 派手（　　）
5 若者（　　）
6 感激（　　）
7 役割（　　）
8 手帳（　　）
9 片道（　　）
10 勤勉（　　）

(六)

次の**カタカナ**を**漢字**になおし、**一字だけ**書きなさい。

／20点 2×10

1 異口**ドウ**音（　　）
2 門**コ**開放（　　）
3 人事不**セイ**（　　）
4 **タ**角経営（　　）
5 一**セキ**二鳥（　　）
6 朝**レイ**暮改（　　）
7 **イチ**時流行（　　）
8 一問一**トウ**（　　）
9 一**チ**団結（　　）
10 危急**ソン**亡（　　）

ぼう・ぱい・だん・りつ・けん
り・かい・ぜっ・あく・しん

(八)

後の□の中から漢字を選んで、次の意味にあてはまる**熟語**を作りなさい。答えは**記号**で書きなさい。

〈例〉学校から家に帰ること。（下校）ケ カ

／10点 2×5

1 見破ること。
2 重大に考えること。
3 簡単で手軽なこと。
4 分けて別々にすること。
5 ある決められたはんいの場所。

ア 破　イ 重　ウ 分　エ 箇　オ 区　カ 校
キ 看　ク 域　ケ 下　コ 易　サ 視　シ 割

第8回

(九)

漢字を二字組み合わせた熟語では、二つの漢字の間に意味の上で、次のような関係があります。

20点
2×10

ア　反対や対《つい》になる意味の字を組み合わせたもの（例…**前後**）

イ　同じような意味の字を組み合わせたもの（例…**道路**）

ウ　上の字が下の字の意味を説明（修飾《しょく》）しているもの（例…**紅葉**）

エ　下の字から上の字へ返って読むと意味がよくわかるもの（例…**育児**）

オ　上の字が下の字の意味を**打ち消し**ているもの（例…**無害**）

次の**熟語**は、右のア〜オのどれにあたるか、**記号**で答えなさい。

1　非情（　　）

2　異変（　　）

3　築城（　　）

4　再会（　　）

6　貸借（　　）

7　不覚（　　）

8　署名（　　）

9　危険（　　）

(十一)

次の――線の**カタカナ**を**漢字**になおしなさい。

40点
2×20

1　研究方法について**ギロン**する。（　　）

2　**ソウセツ**以来最大の危機に直面する。（　　）

3　**チイキ**ごとの代表チームが決まる。（　　）

4　市長・国会議員・知事を**レキニン**する。（　　）

5　ドアの**カイヘイ**はお静かに願います。（　　）

6　自分の将来のことを**シンコク**に考える。（　　）

7　三時のおやつはケーキと**コウチャ**です。（　　）

8　父は**ツウキン**に一時間かかるそうです。（　　）

9　ねる前には必ず**デンゲン**を切りましょう。（　　）

10　実の重みで枝が**タ**れる。（　　）

5 遺失（　　）―10 暖冬（　　）

(十) 次の——線のカタカナを漢字になおしなさい。

20点 2×10

1 税務署に税金を**オサ**める。（　　）
2 ナイフをケースに**オサ**める。（　　）
3 **コウキ**なかがやきの宝石。（　　）
4 一打逆転の**コウキ**をつかむ。（　　）
5 一家でかぶきを**カンゲキ**する。（　　）
6 すばらしい映画に**カンゲキ**する。（　　）
7 手紙はできるだけ**カンケツ**に書く。（　　）
8 れんさいまんがが**カンケツ**する。（　　）
9 先生に**シメイ**されて作文を読む。（　　）
10 病人を救うのが医者の**シメイ**です。（　　）

11 先祖の墓に花を**ソナ**える。（　　）
12 事故でダイヤが**ミダ**れる。（　　）
13 砂ぼこりを**マ**き上げる。（　　）
14 次の停留所でバスを**オ**りる。（　　）
15 ここがとなり町との**サカイ**です。（　　）
16 火山が噴火して**ハイ**を降らした。（　　）
17 いろいろな仕事に手を**ソ**める。（　　）
18 今年はまつたけがたくさん**ト**れた。（　　）
19 年末年始を**ノゾ**いて毎日営業している。（　　）
20 良薬は口に**ニガ**し。（　　）

第8回

第9回 模擬試験

試験時間 60分

合格基準 140点

得点 /200点

（一）

次の――線の漢字の読みをひらがなで書きなさい。

20点 1×20

1 出入り口のへいさを解除する。（　）

2 けが人が苦痛をうったえる。（　）

3 この機械は操作が難しい。（　）

4 夏には授業時間が短縮される。（　）

5 古くからのやり方が改革された。（　）

6 わんぱくな彼もお父さんには従順だ。（　）

7 広い宇宙にはたくさんの星がある。（　）

8 アフリカ大陸を自動車で縦断する。（　）

9 話題が思いがけない方向に展開した。（　）

（二）

次の漢字の部首と部首名を後の□の中から選び、記号で答えなさい。

10点 1×10

〈例〉私 部首（こ） 部首名（イ）

	部首	部首名
裏	1（　）	2（　）
党	3（　）	4（　）
樹	5（　）	6（　）
巻	7（　）	8（　）
宣	9（　）	10（　）

あ 儿	い 田	う 木	え 寸	お 衣
か ⺍	き 人	く 卩	け 宀	こ 禾

10 友だちのやさしい心づかいに感激する。（　）
11 知らない漢語の訳を調べる。（　）
12 テストの問題は難しかった。（　）
13 あの会社は危ないという話だ。（　）
14 山頂で吸った空気はうまかった。（　）
15 話を聞いて初めてよく分かった。（　）
16 彼女との約束を果たせずにいる。（　）
17 父と相談して改めて返事をします。（　）
18 市長は町の人々から敬われている。（　）
19 国道が海岸に沿って走っている。（　）
20 新米のくびれも深き俵かな。（　）

ア た　イ のぎへん　ウ ひとあし・にんにょう
エ わりふ・ふしづくり　オ しょう　カ うかんむり
キ すん　ク ころも　ケ きへん　コ ひと

(三)

次の漢字の**太い画のところは筆順の何画目か**、また**総画数は何画か**、**算用数字**（1、2、3…）で答えなさい。

10点（1×10）

〈例〉供　何画目（6）　総画数（8）

漢字	何画目	総画数
磁	（1）	（2）
姿	（3）	（4）
誌	（5）	（6）
詞	（7）	（8）
臓	（9）	（10）

第9回

四

次の――線のカタカナの部分を**漢字一字と送りがな（ひらがな）**になおしなさい。

10点　2×5

〈例〉誕生日に友達をヨブ。（呼ぶ）

1 今に**イタル**まで連絡がない。（　　）

2 仏様に花と果物を**ソナエル**。（　　）

3 自分のチームの実力を**ウタガウ**。（　　）

4 ガールフレンドから手紙が**トドク**。（　　）

5 校長が全校の生徒に訓示を**タレル**。（　　）

五

漢字の読みには**音**と**訓**があります。次の**熟語の読み**は□の中のどの組み合わせになっていますか。ア～エの**記号**で答えなさい。

20点　2×10

ア 音と音	イ 音と訓
ウ 訓と訓	エ 訓と音

七

後の□の中のひらがなを漢字になおして、**対義語**（意味が反対や対《つい》になることば）と、**類義語**（意味がよくにたことば）を書きなさい。□の中のひらがなは**一度だけ**使い、**漢字一字**を書きなさい。

20点　2×10

対義語

質疑―応（1）（　　）

入会―（2）会（　　）

温暖―寒（3）（　　）

急性―（4）性（　　）

栄転―左（5）（　　）

類義語

大志―大（6）（　　）

興味―（7）心（　　）

共感―共（8）（　　）

急流―（9）流（　　）

意見―見（10）（　　）

1 裏山（　　）
2 晩飯（　　）
3 絶頂（　　）
4 布地（　　）
5 傷口（　　）
6 背景（　　）
7 試合（　　）
8 灰皿（　　）
9 家賃（　　）
10 検討（　　）

（六）

次の**カタカナ**を**漢字**になおし、**一字だけ**書きなさい。

20点 2×10

1 **ゴン**語道断（　　）
2 衆議一**ケツ**（　　）
3 以心**デン**心（　　）
4 人**シン**一新（　　）
5 **キ**死回生（　　）
6 年功**ジョ**列（　　）
7 十**チュウ**八九（　　）
8 大同小**イ**（　　）
9 一**ブ**始終（　　）
10 右往**サ**往（　　）

せん・れい・かい・とう・かん
だっ・げき・まん・ぼう・めい

（八）

後の□の中から漢字を選んで、次の意味にあてはまる**熟語**を作りなさい。答えは**記号**で書きなさい。

〈例〉学校から家に帰ること。（下校）サク

10点 2×5

1 移り変わり。
2 物事のはんい。
3 書きしるすこと。
4 非常に強く心に感じること。
5 だめになった部分を直すこと。

ア 記　イ 分　ウ 革　エ 感　オ 修　カ 筆
キ 補　ク 校　ケ 痛　コ 沿　サ 下　シ 野

九

漢字を二字組み合わせた熟語では、二つの漢字の間に意味の上で、次のような関係があります。

20点
2×10

ア　反対や対《つい》になる意味の字を組み合わせたもの（例…**前後**）

イ　同じような意味の字を組み合わせたもの（例…**道路**）

ウ　上の字が下の字の意味を説明（修飾《しょく》）しているもの（例…**紅葉**）

エ　下の字から上の字へ返って読むと意味がよくわかるもの（例…**育児**）

オ　上の字が下の字の意味を**打ち消し**ているもの（例…**無害**）

次の**熟語**は、右のア～オのどれにあたるか、**記号**で答えなさい。

1 無理（　　）
2 模造（　　）
3 拡散（　　）
4 補欠（　　）
6 異性（　　）
7 不興（　　）
8 加盟（　　）
9 革新（　　）

十一

次の――線の**カタカナ**を**漢字**になおしなさい。

40点
2×20

1 人の性格を**ルイケイ**に分ける。（　　）（　　）
2 夕方には気温が**カコウ**する。（　　）（　　）
3 自分の**ブショ**を最後まで守る。（　　）（　　）
4 中国文学を**センモン**に研究する。（　　）（　　）
5 収入に**ヒレイ**して支出が増える。（　　）（　　）
6 **シメン**を一新してカラーにする。（　　）（　　）
7 変なうわさから**ハラン**が起きる。（　　）（　　）
8 学級委員としての**ニンム**を果たす。（　　）（　　）
9 政治に国民の意見を**ハンエイ**させる。（　　）（　　）
10 議員候補者が長時間**ネツベン**をふるった。（　　）（　　）

5 紅白（　　）

10 乗降（　　）

(十)

次の――線のカタカナを漢字になおしなさい。

20点 2×10

1 部屋に電話をソナえる。（　　）

2 仏様に花をソナえる。（　　）

3 新校舎のカンセイを急ぐ。（　　）

4 音楽に対するカンセイを養う。（　　）

5 二年前の試合をカイソウする。（　　）

6 ゴールをめざしてカイソウする。（　　）

7 その問題には私はカンチしない。（　　）

8 カンチするまで一カ月はかかる。（　　）

9 食べ物がキカンにつまって苦しい。（　　）

10 国連は世界平和を守るためのキカンだ。（　　）

11 食べたらすぐに茶碗をアラう。（　　）

12 手術の成功をネガっています。（　　）

13 湖にウツる山々を写生する。（　　）

14 勉強するのは小学生のツトめだ。（　　）

15 日本でモットも大きな湖は琵琶湖だ。（　　）

16 茶碗にいっぱいごはんをモった。（　　）

17 階段のそうじがワり当てられる。（　　）

18 朝からバンまで立ちっぱなしで疲れた。（　　）

19 昨晩に降った雪が三〇センチツもった。（　　）

20 痛くもないハラをさぐられる。（　　）

第9回

第10回 模擬試験

試験時間 60分
合格基準 140点
得点 /200点

(一) 次の――線の漢字の読みをひらがなで書きなさい。

20点 1×20

1 自然界の法則を探究する。（　）
2 燃費のよい自動車を買う。（　）
3 大使が任期を終えて帰国する。（　）
4 新製品をテレビで宣伝する。（　）
5 送料は会社が負担します。（　）
6 大臣たちが集まり閣議を開く。（　）
7 雑誌には別冊付録がついている。（　）
8 彼は医学に大きい功績があった。（　）
9 多くの国が呼応して国連ができた。（　）

(二) 次の漢字の部首と部首名を後の□の中から選び、記号で答えなさい。

10点 1×10

〈例〉私　（こ）（イ）　部首　部首名

	部首	部首名
厳	1（　）	2（　）
乳	3（　）	4（　）
熟	5（　）	6（　）
胸	7（　）	8（　）
善	9（　）	10（　）

あ ⺍　い 灬　う ⺍　え 月　お 乙
か 口　き 勹　く 羊　け 厂　こ 禾

10 糖分をひかえめにして料理を作る。（　　）
11 日が暮れて急に寒さが増す。（　　）
12 私は勉強よりスポーツを好む。（　　）
13 家業を捨てて好きな道へ進む。（　　）
14 悪い知らせを聞いて心を乱す。（　　）
15 昼間は法律事務所で働いている。（　　）
16 砂をかむような思いを味わう。（　　）
17 優勝の喜びをみんなと分かち合う。（　　）
18 午後九時に門が閉じるから急ごう。（　　）
19 セーターを洗ったら縮んでしまった。（　　）
20 わか葉して仏のお顔かくれけり。（　　）

ア つかんむり　イ のぎへん　ウ にくづき　エ がんだれ　オ ひつじ　カ つめかんむり・つめがしら　キ れんが・れっか　ク おつ　ケ くち　コ つつみがまえ

(三) 次の漢字の**太い画**のところは**筆順の何画目**か、また**総画数は何画**か、**算用数字**（**1、2、3…**）で答えなさい。

10点 1×10

〈例〉 供　何画目（6）　総画数（8）

糖 認 俳 晩 揮

	何画目	総画数
揮	1（　）	2（　）
晩	3（　）	4（　）
俳	5（　）	6（　）
認	7（　）	8（　）
糖	9（　）	10（　）

第10回

四

次の――線のカタカナの部分を漢字一字と送りがな（ひらがな）になおしなさい。

10点 2×5

〈例〉 誕生日に友達をヨブ。（呼ぶ）

1 権利書を金庫にオサメル。（　　　）
2 私の意見は彼のとはコトナル。（　　　）
3 命のトウトサについて考えてみよう。（　　　）
4 美しさでは彼女にナラブものはない。（　　　）
5 短い秋の日はまたたく間にクレル。（　　　）

五

漢字の読みには音と訓があります。次の熟語の読みは□の中のどの組み合わせになっていますか。ア〜エの記号で答えなさい。

20点 2×10

ア 音と音	イ 音と訓
ウ 訓と訓	エ 訓と音

七

後の□の中のひらがなを漢字になおして、対義語（意味が反対や対《つい》になることば）と、類義語（意味がよくにたことば）を書きなさい。□の中のひらがなは一度だけ使い、漢字一字を書きなさい。

20点 2×10

対義語

創刊―（1）刊（　　　）
円満―不（2）（　　　）
加速―（3）速（　　　）
往復―片（4）（　　　）
幹線―（5）線（　　　）

類義語

類別―（6）類（　　　）
公正―公（7）（　　　）
眼目―（8）眼（　　　）
調節―調（9）（　　　）
良質―（10）質（　　　）

1 雨具（　　）
2 加盟（　　）
3 並木（　　）
4 毎朝（　　）
5 著述（　　）
6 親潮（　　）
7 職場（　　）
8 存続（　　）
9 身分（　　）
10 宝船（　　）

（六）

次の**カタカナ**を**漢字**になおし、**一字だけ**書きなさい。

20点
2×10

1 一挙**リョウ**得（　　）
2 問答無**ヨウ**（　　）
3 **シ**六時中（　　）
4 議論百**シュツ**（　　）
5 半**シン**半疑（　　）
6 世界**イ**産（　　）
7 **イ**食同源（　　）
8 不平不**マン**（　　）
9 意味**シン**長（　　）
10 一**チョウ**一短（　　）

みち・ぶん・わ・しゅ・じょう
はい・へい・げん・し・せい

（八）

後の□の中から漢字を選んで、次の意味にあてはまる**熟語**を作りなさい。答えは**記号**で書きなさい。

〈例〉学校から家に帰ること。（下校）コカ

10点
2×5

1 長く続くこと。
2 受け持つ所や役目。
3 人や荷物などを運ぶこと。
4 世の中の多くの人々の考え。
5 心から立派な人だと思うこと。

ア 続　イ 論　ウ 部　エ 輸　オ 世　カ 校
キ 存　ク 尊　ケ 敬　コ 下　サ 運　シ 署

第10回

九

漢字を二字組み合わせた熟語では、二つの漢字の間に意味の上で、次のような関係があります。

20点 2×10

ア 反対や対《つい》になる意味の字を組み合わせたもの（例…**前後**）

イ 同じような意味の字を組み合わせたもの（例…**道路**）

ウ 上の字が下の字の意味を説明（修飾《しょく》）しているもの（例…**紅葉**）

エ 下の字から上の字へ返って読むと意味がよくわかるもの（例…**育児**）

オ 上の字が下の字の意味を**打ち消し**ているもの（例…**無害**）

次の**熟語**は、右のア～オのどれにあたるか、**記号**で答えなさい。

1 干満（　　）

2 山頂（　　）

3 提供（　　）

4 納税（　　）

6 同窓（　　）

7 背任（　　）

8 昇降（　　）

9 高貴（　　）

十一

次の――線の**カタカナ**を**漢字**になおしなさい。

40点 2×20

1 きりが晴れ**シカイ**が開けてきた。（　　）

2 こんな要求は**ショウフク**できない。（　　）

3 けがをした人の**キュウゴ**に当たる。（　　）

4 公にできない事情を**カンシュ**する。（　　）

5 事故のため列車は一〇分ほど**エンチャク**した。（　　）

6 この部屋には冷房の**セツビ**がない。（　　）

7 京都には神社**ブッカク**がたくさんある。（　　）

8 図書館で大昔の生活の**シリョウ**を調べる。（　　）

9 いろいろ**カクサク**したが失敗に終わった。（　　）

10 しくしくと**ハラ**が痛みだす。（　　）

5 不安（　　）　10 未納（　　）

㈩ 次の――線のカタカナを漢字になおしなさい。

20点 2×10

1 湖上にウツった富士山。（　　）
2 父は今度営業部にウツる。（　　）
3 将来をソウゾウしてみる。（　　）
4 新しい文化をソウゾウする。（　　）
5 アルプスのケイカンはゆうだいだ。（　　）
6 ケイカンが市中をパトロールする。（　　）
7 自動車の部品をセイサクする。（　　）
8 政府のセイサクが国会で論議される。（　　）
9 事実であることをケンショウする。（　　）
10 子供の幸福を守るための児童ケンショウ。（　　）
11 妻はおチチの出がよくない。（　　）
12 今日はカブが値上がりした。（　　）
13 印刷物のウラをメモに使う。（　　）
14 しっぽをマいて逃げ出す。（　　）
15 ムネがいっぱいで物が言えない。（　　）
16 各部屋に消火器をソナえ付ける。（　　）
17 トンネルの天じょうを柱でササえる。（　　）
18 売り上げ目標の達成はウタガわしい。（　　）
19 おもしろい話をしてザを取り持つ。（　　）
20 腹がへっては戦は出来ぬ。（　　）

第11回 模擬試験

試験時間 60分

合格基準 140点

得点 /200点

(一) 次の――線の漢字の読みをひらがなで書きなさい。

20点 1×20

1 大雪で道路が寸断された。（　　）
2 反対運動の署名を集める。（　　）
3 服装をととのえて出かける。（　　）
4 人の言いつけを忠実に守る。（　　）
5 銀行の窓口で客の応対をする。（　　）
6 水泳選手が新記録を樹立した。（　　）
7 手紙に誤字がないか読みなおす。（　　）
8 寺院の神聖なふんい気にひたる。（　　）
9 せっかくの準備も徒労に終わった。（　　）

(二) 次の漢字の部首と部首名を後の□の中から選び、記号で答えなさい。

10点 1×10

〈例〉私　部首（こ）　部首名（イ）

漢字	部首	部首名
賃	1（　　）	2（　　）
否	3（　　）	4（　　）
将	5（　　）	6（　　）
勤	7（　　）	8（　　）
窓	9（　　）	10（　　）

あ 心　い 力　う 寸　え 口　お 一
か 穴　き 艹　く ⺍　け 貝　こ 禾

10 彼がおこっている理由は判然としない。（　）
11 しめ切りは明日に延ばそう。（　）
12 大勢の人にまわりを囲まれた。（　）
13 小学生には難しすぎる問題だ。（　）
14 自ら望んで海外勤務についた。（　）
15 学会はその薬の効果を疑った。（　）
16 至らない点はお許しください。（　）
17 チームのメンバーが一人欠ける。（　）
18 工場長に操業中止の説明を求める。（　）
19 彼のことばの裏の意味に気づいた。（　）
20 夕立は貧しき町を洗い去る。（　）

ア かい・こがい　イ のぎへん　ウ つめかんむり・つめがしら　エ いち　オ くさかんむり　カ くち　キ あなかんむり　ク こころ　ケ すん　コ ちから

（三）

次の漢字の太い画のところは筆順の何画目か、また総画数は何画か、算用数字（1、2、3…）で答えなさい。

10点 1×10

〈例〉 供　何画目（6）　総画数（8）

	何画目	総画数
簡	（1）	（2）
巻	（3）	（4）
割	（5）	（6）
革	（7）	（8）
閣	（9）	（10）

第11回

四

次の――線のカタカナの部分を**漢字一字と送りがな（ひらがな）**になおしなさい。

10点 2×5

〈例〉 誕生日に友達をヨブ。（呼ぶ）

1 英語の詩を日本語に**ヤクス**。（　　）
2 栄養不足をビタミン剤で**オギナウ**。（　　）
3 **ヨイ**行いをして先生にほめられる。（　　）
4 **イタマシイ**交通事故の現場を通る。（　　）
5 風が入らないように窓を**シメル**。（　　）

五

漢字の読みには**音**と**訓**があります。次の**熟語の読み**は□の中のどの組み合わせになっていますか。ア〜エの**記号**で答えなさい。

20点 2×10

ア 音と音	イ 音と訓
ウ 訓と訓	エ 訓と音

七

後の□の中のひらがなを漢字になおして、**対義語**（意味が反対や対になることば）と、**類義語**（意味がよくにたことば）を書きなさい。□の中のひらがなは**一度だけ**使い、**漢字一字**を書きなさい。

20点 2×10

対義語

不満―満（1）（　　）
送信―（2）信（　　）
相手―自（3）（　　）
造花―（4）花（　　）
自国―（5）国（　　）

類義語

質問―質（6）（　　）
光景―（7）景（　　）
実情―実（8）（　　）
好意―（9）意（　　）
公開―公（10）（　　）

1 故障（　　）
2 初夢（　　）
3 残高（　　）
4 手配（　　）
5 仏様（　　）
6 負担（　　）
7 株券（　　）
8 窓口（　　）
9 番組（　　）
10 親善（　　）

(六)

次の**カタカナ**を**漢字**になおし、**一字だけ**書きなさい。

20点 2×10

1 **カ**当競争（　　）
2 有**ゲン**実行（　　）
3 一件落**チャク**（　　）
4 空前**ゼツ**後（　　）
5 創**イ**工夫（　　）
6 **オン**故知新（　　）
7 品行方**セイ**（　　）
8 大器**バン**成（　　）
9 読**ショ**三余（　　）
10 **イ**常気象（　　）

ぶん・た・じょう・ぜん・ぞく
じゅ・せい・ぎ・ひょう・たい

(八)

後の□の中から漢字を選んで、次の意味にあてはまる**熟語**を作りなさい。答えは**記号**で書きなさい。

〈例〉学校から家に帰ること。（下校）キ カ

10点 2×5

1 激しすぎること。
2 何にもならない苦労。
3 身分が高くとうといこと。
4 すなおで逆らわないようす。
5 非常に親しくなかがよいようす。

ア 貴　イ 激　ウ 従　エ 徒　オ 労　カ 校
キ 下　ク 親　ケ 順　コ 密　サ 過　シ 高

第11回

(九)

漢字を二字組み合わせた熟語では、二つの漢字の間に意味の上で、次のような関係があります。

20点 2×10

ア　反対や対《つい》になる意味の字を組み合わせたもの（例…**前後**）
イ　同じような意味の字を組み合わせたもの（例…**道路**）
ウ　上の字が下の字の意味を説明（修飾《しょく》）しているもの（例…**紅葉**）
エ　下の字から上の字へ返って読むと意味がよくわかるもの（例…**育児**）
オ　上の字が下の字の意味を**打ち消し**ているもの（例…**無害**）

次の**熟語**は、右のア～オのどれにあたるか、**記号**で答えなさい。

1　非礼（　　）
2　借金（　　）
3　呼吸（　　）
4　敬愛（　　）
6　登校（　　）
7　誤解（　　）
8　否定（　　）
9　郷里（　　）

(十一)

次の――線の**カタカナ**を**漢字**になおしなさい。

40点 2×20

1　**ケイザイ**が右肩上がりに成長する。（　　）
2　エベレストの**トウチョウ**に成功する。（　　）
3　あなたの実行力には**ケイフク**する。（　　）
4　**ジュッコウ**したうえで志望校を決める。（　　）
5　引退した野球選手の**キョウチュウ**を察する。（　　）
6　彼には少しの**セイイ**も感じられない。（　　）
7　あなたの意見に**イゾン**はありません。（　　）
8　エースが打たれたのが**ゴサン**だった。（　　）
9　天候もよく米の**ゾウシュウ**はまちがいない。（　　）
10　彼はとても心の**ヨ**い人だ。（　　）

5 分担（　　）

10 勝負（　　）

(十) 次の――線のカタカナを漢字になおしなさい。

20点
2×10

1 ま夏の太陽が目を**イ**る。（　　）

2 先生の話に聞き**イ**る。（　　）

3 **カホウ**は寝て待て。（　　）

4 祖先代々の**カホウ**の名刀。（　　）

5 スキーですべる**カイカン**を味わう。（　　）

6 明日新しい映画館が**カイカン**する。（　　）

7 **サイケツ**して血糖値を調べる。（　　）

8 両者の言い分を聞いて**サイケツ**する。（　　）

9 カーニバルの**カソウ**行列が通る。（　　）

10 さばくの**カソウ**から化石が発見された。（　　）

11 あわただしい空気が**オサ**まる。（　　）

12 妹のことが心配で胸が**イタ**む。（　　）

13 戦争の成り行きが**ケワ**しくなる。（　　）

14 毎日仏前に手を合わせて**オガ**む。（　　）

15 この川は**ミナモト**を湖に発している。（　　）

16 相手の横暴な態度に**コマ**り果てる。（　　）

17 丈夫な**カイコ**を育てることが大切だ。（　　）

18 私にはこんな仕事は**ツト**まらない。（　　）

19 馬小屋の前に**ホ**し草を積み上げる。（　　）

20 **オ**わりよければすべてよし。（　　）

第12回 模擬試験

試験時間 60分

合格基準 140点

得点 /200点

(一)

次の――線の**漢字の読み**を**ひらがな**で書きなさい。

20点 1×20

1 女の赤ちゃんが誕生した。（　　）

2 公私を混同してはいけない。（　　）

3 徒党を組んで悪事をはたらく。（　　）

4 地域ごとに集合して登校する。（　　）

5 手段を選んでいる場合ではない。（　　）

6 選手が反則で退場を命じられた。（　　）

7 いらなくなった自転車を処分する。（　　）

8 勉強に対する姿勢がなっていない。（　　）

9 旅行は私にとって貴重な体験だった。（　　）

(二)

次の漢字の**部首**と**部首名**を後の□の中から選び、**記号**で答えなさい。

10点 1×10

〈例〉私　部首（こ）　部首名（イ）

	部首	部首名
孝	1（　）	2（　）
尺	3（　）	4（　）
蒸	5（　）	6（　）
敬	7（　）	8（　）
装	9（　）	10（　）

あ 攵	い 尸	う 土	え 子	お 艹
か 灬	き 士	く 勹	け 衣	こ 禾

10 この作品が彼の最後の著作となった。（　　）

11 決勝戦を前にして奮い立つ。（　　）

12 考えが固まったので実行した。（　　）

13 読み終わった手紙を閉じる。（　　）

14 山の頂で初日の出をおがみたい。（　　）

15 宿題のことを考えると頭が痛い。（　　）

16 説得してやっと首を縦にふらせた。（　　）

17 彼はなかなか骨のある人間だ。（　　）

18 庭に植えたダリアの芽が出てきた。（　　）

19 みんなの努力が実を結んで優勝した。（　　）

20 大試験済み城山に登りけり。（　　）

ア こ　イ のぎへん　ウ こころ　エ つち　オ れんが・れっか　カ しかばね　キ のぶん・ぼくづくり　ク くさかんむり　ケ つつみがまえ　コ さむらい

(三)

次の漢字の**太い画のところは筆順の何画目か**、また**総画数は何画か**、**算用数字**（**1、2、3…**）で答えなさい。

10点　1×10

〈例〉供　何画目（6）　総画数（8）

漢字	何画目	総画数
巻	（1　）	（2　）
尊	（3　）	（4　）
痛	（5　）	（6　）
潮	（7　）	（8　）
暖	（9　）	（10　）

第12回

㈣ 次の――線の**カタカナ**の部分を**漢字一字と送りがな（ひらがな）**になおしなさい。

10点 2×5

〈例〉誕生日に友達をヨブ。（呼ぶ）

1 注文の品が期日内に**オサマル**。（　　）

2 誕生日のお祝いとして辞書を**イタダク**。（　　）

3 実力の足りない分を気力で**オギナウ**。（　　）

4 その日はずっと本を読んで**クラシ**た。（　　）

5 アルプスの風景をスライドに**ウツス**。（　　）

㈤ 漢字の読みには**音**と**訓**があります。次の**熟語の読み**は□の中のどの組み合わせになっていますか。ア～エの**記号**で答えなさい。

20点 2×10

ア 音と音	イ 音と訓
ウ 訓と訓	エ 訓と音

㈦ 後の□の中のひらがなを漢字になおして、**対義語**（意味が反対や対《つい》になることば）と、**類義語**（意味がよくにたことば）を書きなさい。□の中のひらがなは**一度だけ**使い、**漢字一字**を書きなさい。

20点 2×10

対義語

原因―結（1　　）

副食―（2　　）食

形式―内（3　　）

送辞―（4　　）辞

区別―混（5　　）

類義語

切望―（6　　）望

会話―対（7　　）

精読―（8　　）読

通商―貿（9　　）

念願―（10　　）願

1 出窓（　　）
2 若気（　　）
3 果樹（　　）
4 裏門（　　）
5 割引（　　）
6 夕刊（　　）
7 純真（　　）
8 若葉（　　）
9 仕事（　　）
10 就任（　　）

(六)

次の**カタカナ**を**漢字**になおし、**一字だけ**書きなさい。

20点　2×10

1 自己暗**ジ**（　　）
2 一刻**セン**金（　　）
3 一**マイ**看板（　　）
4 **ユウ**名無実（　　）
5 種種雑**タ**（　　）
6 前代未**モン**（　　）
7 **ドク**断専行（　　）
8 手**レン**手管（　　）
9 単刀**チョク**入（　　）
10 苦学力**コウ**（　　）

よう・ねつ・しゅく・だん・えき
どう・か・しゅ・とう・じゅく

(八)

後の□の中から漢字を選んで、次の意味にあてはまる**熟語**を作りなさい。答えは**記号**で書きなさい。

〈例〉 学校から家に帰ること。（下校）カ オ

10点　2×5

1 進み広がること。
2 直してよくすること。
3 物事の生まれてくるもと。
4 予定の日を先へのばすこと。
5 話の本すじから離れたほかの話。

ア 善　イ 期　ウ 余　エ 泉　オ 校　カ 下
キ 進　ク 延　ケ 展　コ 談　サ 源　シ 改

第12回

(九)

漢字を二字組み合わせた熟語では、二つの漢字の間に意味の上で、次のような関係があります。

20点
2×10

ア　反対や対《つい》になる意味の字を組み合わせたもの　（例…**前後**）
イ　同じような意味の字を組み合わせたもの　（例…**道路**）
ウ　上の字が下の字の意味を説明（修飾《しょく》）しているもの　（例…**紅葉**）
エ　下の字から上の字へ返って読むと意味がよくわかるもの　（例…**育児**）
オ　上の字が下の字の意味を**打ち消し**ているもの　（例…**無害**）

次の**熟語**は、右のア～オのどれにあたるか、**記号**で答えなさい。

1 利害（　　）
2 同郷（　　）
3 簡単（　　）
4 無力（　　）

6 激動（　　）
7 主従（　　）
8 非道（　　）
9 臨席（　　）

(十)

次の――線の**カタカナ**を**漢字**になおしなさい。

40点
2×20

1 紛争問題を**コンゲン**から考える。（　　）
2 ふみきりに**ヒョウシキ**をかかげる。（　　）
3 たばこの害は**ケイシ**できない。（　　）
4 広場は**グンシュウ**で身動きできない。（　　）
5 波が高いので遊泳を**キンシ**する。（　　）
6 ゴール**スンゼン**で転んでしまった。（　　）
7 研究内容を**ケイトウ**だてて説明をする。（　　）
8 いつまでも**ジュンケツ**な心でありたい。（　　）
9 人間には幸福を求める**ケンリ**がある。（　　）
10 横にも**タテ**にも大きくなる。（　　）

5 登庁（　　）
10 滅亡（　　）

㈩ 次の――線のカタカナを漢字になおしなさい。

20点 2×10

1 友人を両親にアわせる。（　　）
2 ピアノにアわせて歌う。（　　）
3 花をはちから庭にイショクした。（　　）
4 グループでもイショクの存在だ。（　　）
5 首相が新年のショカンを述べる。（　　）
6 知人にあてショカンをしたためた。（　　）
7 イギの申し立てをする。（　　）
8 人生をイギのあるものにしたい。（　　）
9 学生には割引のトクテンがある。（　　）
10 トクテンのチャンスをのがす。（　　）
11 彼はナミはずれて背が高い。（　　）
12 彼はめきめき頭角をアラワした。（　　）
13 警察官は容疑者の身元をアラう。（　　）
14 樹液をスうのに夢中な虫たち。（　　）
15 ヤサしい問題だからすぐ解ける。（　　）
16 品質がいいだけに少々ネが張る。（　　）
17 このネクタイはキヌでできている。（　　）
18 野菜、果物でビタミン不足をオギナう。（　　）
19 今にイタるまで変わらずに続いている。（　　）
20 船頭多くして船山にノボる。（　　）

第12回

試験時間 60分

合格基準 140点

得点 ／200点

(一)

次の――線の漢字の読みをひらがなで書きなさい。

20点 1×20

1 終電の時刻をとうに回る。（　）（　）

2 毎日七時には帰宅します。（　）（　）

3 背筋をまっすぐにして歩く。（　）（　）

4 遭難者の安否が気づかわれる。（　）（　）

5 仲間の失敗を痛烈に非難する。（　）（　）

6 地球誕生に関しては諸説ある。（　）（　）

7 賛否両論に分かれ結論が出ない。（　）（　）

8 宝石が盗まれないように警備する。（　）（　）

9 テレビが故障して映らなくなった。（　）（　）

(二)

次の漢字の部首と部首名を後の□の中から選び、記号で答えなさい。

10点 1×10

〈例〉私　部首（こ）　部首名（イ）

	部首	部首名
並	1	2
垂	3	4
激	5	6
存	7	8
困	9	10

あ 一　い 子　う 木　え 土　お 攵

か 口　き 八　く 氵　け 二　こ 禾

10 家具が値引きされて売られている。（　　）

11 君の意見は私のとは異なる。（　　）

12 自ら動物博士をもって任じる。（　　）

13 柱に名前を刻んでしかられた。（　　）

14 私にとって健康は何よりの宝だ。（　　）

15 母の意見に従ってピアノを習う。（　　）

16 みなはその画家の才能を認めた。（　　）

17 新しい研究に全力を挙げて取り組む。（　　）

18 品物の届け先がはっきり分からない。（　　）

19 道ばたにごみを捨ててはいけません。（　　）

20 甘えたき時は腹へる受験の子。（　　）

ア のぶん・ぼくづくり　イ のぎへん　ウ さんずい
エ くにがまえ　オ に　カ いち　キ き　ク こ
ケ つち　コ は

(三)

次の漢字の太い画のところは筆順の何画目か、また総画数は何画か、算用数字（1、2、3…）で答えなさい。

10点（1×10）

〈例〉供　何画目（6）　総画数（8）

	何画目	総画数
株	（1）	（2）
樹	（3）	（4）
骨	（5）	（6）
刻	（7）	（8）
降	（9）	（10）

第13回

四

次の――線のカタカナの部分を漢字一字と送りがな（ひらがな）になおしなさい。

〈例〉　誕生日に友達をヨブ。（呼ぶ）

1　空は夕焼けにあかくソマル。（　　）

2　はやく字を書くと字がミダレル。（　　）

3　夕食の下ごしらえに野菜をキザム。（　　）

4　コトナル習慣を持つ人と生活する。（　　）

5　暖ぼうを入れて応接間をアタタメル。（　　）

10点　2×5

五

漢字の読みには音と訓があります。次の熟語の読みは□の中のどの組み合わせになっていますか。ア〜エの記号で答えなさい。

ア　音と音	イ　音と訓
ウ　訓と訓	エ　訓と音

20点　2×10

七

後の□の中のひらがなを漢字になおして、対義語（意味が反対や対《つい》になることば）と、類義語（意味がよくにたことば）を書きなさい。□の中のひらがなは一度だけ使い、漢字一字を書きなさい。

20点　2×10

対義語

下校―（1）校　（　　）

快楽―苦（2）　（　　）

可決―（3）決　（　　）

強制―任（4）　（　　）

元金―（5）子　（　　）

類義語

安全―（6）事　（　　）

博識―（7）学　（　　）

遊覧―観（8）　（　　）

返答―返（9）　（　　）

向上―（10）歩　（　　）

1 格安（　）
2 遺産（　）
3 合図（　）
4 潮風（　）
5 厳格（　）
6 口紅（　）
7 重箱（　）
8 株式（　）
9 敬服（　）
10 苦手（　）

(六)

次の**カタカナ**を**漢字**になおし、**一字だけ**書きなさい。

20点 2×10

1 一刀両**ダン**（　）
2 百**パツ**百中（　）
3 厳正中**リツ**（　）
4 喜色**マン**面（　）
5 自由自**ザイ**（　）
6 多**ジ**多難（　）
7 誠心誠**イ**（　）
8 晴耕**ウ**読（　）
9 **ネン**中行事（　）
10 自然現**ショウ**（　）

こう・ひ・はく・とう・じ
つう・い・ぶ・り・しん

(八)

後の□の中から漢字を選んで、次の意味にあてはまる**熟語**を作りなさい。答えは**記号**で書きなさい。

〈例〉学校から家に帰ること。（下校）キ オ

10点 2×5

1 世間のうわさ。
2 あるはんい内の土地。
3 物事をうまくやる方法。
4 よくなれて上手なこと。
5 意味をまちがって受け取ること。

ア 領　イ 地　ウ 練　エ 評　オ 校　カ 解
キ 下　ク 要　ケ 誤　コ 判　サ 熟　シ 域

第13回

(九)

漢字を二字組み合わせた熟語では、二つの漢字の間に意味の上で、次のような関係があります。

20点 2×10

ア　反対や対《つい》になる意味の字を組み合わせたもの（例…**前後**）
イ　同じような意味の字を組み合わせたもの（例…**道路**）
ウ　上の字が下の字の意味を説明（修飾《しょく》）しているもの（例…**紅葉**）
エ　下の字から上の字へ返って読むと意味がよくわかるもの（例…**育児**）
オ　上の字が下の字の意味を**打ち消し**ているもの（例…**無害**）

次の**熟語**は、右のア〜オのどれにあたるか、**記号**で答えなさい。

1 錯誤（　）
2 専用（　）
3 呼応（　）
4 帰宅（　）
6 安危（　）
7 厳禁（　）
8 開幕（　）
9 未明（　）

(十)

次の——線の**カタカナ**を**漢字**になおしなさい。

40点 2×20

1 計画に大きな**ゴサン**が生じた。（　）
2 進路について**シンコク**になやむ。（　）
3 古い街並みが**ゲンゾン**している。（　）
4 これはきわめて**タンジュン**な問題だ。（　）
5 土足は**ゲンキン**ですから靴をぬぐ。（　）
6 前例のない**ナンキョク**に直面している。（　）
7 書類を改め手続きを**カンベン**にする。（　）
8 **ヨウサイ**を習って服を自分で作りたい。（　）
9 知事が新しくできたダムを**シサツ**する。（　）
10 寒気が**ホネ**までしみこむ。（　）

5 未納（　）

10 樹木（　）

(十)

次の——線のカタカナを漢字になおしなさい。

20点 2×10

1 仕事からカイホウされる。（　）

2 母の病気がカイホウに向かう。（　）

3 早起きのシュウカンをつけよう。（　）

4 あと一シュウカンで夏休みです。（　）

5 岸の木の影が水面にウツる。（　）

6 気持ちがほかのものにウツる。（　）

7 三国の外相が東京でカイダンした。（　）

8 長いカイダンを一気にかけ上がる。（　）

9 交通の規則をカイセイする。（　）

10 カイセイの日に家族で出かける。（　）

11 朝早くに速達がトドいた。（　）

12 さやえんどうのスジを取る。（　）

13 時計のねじを毎日マいている。（　）

14 ワカいころの面影をとどめる。（　）

15 くるりとセを向けて逃げ出す。（　）

16 ビルの五階のマドから見下ろす。（　）

17 ドラマを見てムネが熱くなった。（　）

18 一度倒れたがフタタび立ち上がった。（　）

19 秋分が過ぎると日のクれがはやくなる。（　）

20 目は口ほどに物をイう。（　）

第13回

第14回

模擬試験

試験時間 60分

合格基準 140点

得点 /200点

(一)

次の――線の漢字の読みをひらがなで書きなさい。

20点 1×20

1 黒い色は光を吸収する。（　）
2 日本は温暖な気候の国だ。（　）
3 親を大切にする孝行な息子。（　）
4 今年の秋は残暑が厳しい。（　）
5 自己本位の考え方を改める。（　）
6 世界の秘境をカメラに収める。（　）
7 ファンの興奮は頂点に達した。（　）
8 会議での決定に異論を唱える。（　）
9 大気汚染の問題は大きな課題である。（　）

(二)

次の漢字の部首と部首名を後の□の中から選び、記号で答えなさい。

10点 1×10

〈例〉私（こ）（イ）
部首　部首名

漢字	部首	部首名
奮	1（　）	2（　）
障	3（　）	4（　）
劇	5（　）	6（　）
層	7（　）	8（　）
皇	9（　）	10（　）

あ 田	い 刂	う 立	え 阝	お 白
か 尸	き 日	く 大	け 王	こ 禾

10 平和な生活もついに破局をむかえた。（　）

11 空が夕焼けにあかく染まる。（　）

12 目覚まし時計のねじを巻く。（　）

13 この試みは日本で初めてだ。（　）

14 蚕を飼って観察の記録をとる。（　）

15 いっこうに賃金格差は縮まらない。（　）

16 赤ちゃんが指を吸っている。（　）

17 つらいときは努めて明るくふるまう。（　）

18 ブドウが熟すころには本格的な秋だ。（　）

19 楽しいゲームで時のたつのも忘れた。（　）

20 あたたかき雨も降るなり年の暮。（　）

ア ひ　イ のぎへん　ウ しろ　エ た　オ かばね・しかばね　カ だい　キ おう　ク こざとへん　ケ りっとう　コ たつ

三

次の漢字の太い画のところは筆順の何画目か、また総画数は何画か、算用数字（1、2、3…）で答えなさい。

10点
1×10

〈例〉供　何画目（6）　総画数（8）

	何画目	総画数
泉	1（　）	2（　）
略	3（　）	4（　）
領	5（　）	6（　）
憲	7（　）	8（　）
預	9（　）	10（　）

四

次の——線のカタカナの部分を漢字一字と送りがな（ひらがな）になおしなさい。

10点　2×5

〈例〉誕生日に友達をヨブ。（呼ぶ）

1 畑でとった野菜を水でよくアラウ。（　　）

2 ウタガイをかけられてめいわくした。（　　）

3 テストのことを考えると頭がイタイ。（　　）

4 何度でも気がスムまで書き直そう。（　　）

5 年始のあいさつでおじの家をタズネル。（　　）

五

漢字の読みには音と訓があります。次の熟語の読みは□の中のどの組み合わせになっていますか。ア～エの記号で答えなさい。

20点　2×10

ア 音と音	イ 音と訓
ウ 訓と訓	エ 訓と音

七

後の□の中のひらがなを漢字になおして、対義語（意味が反対や対《つい》になることば）と、類義語（意味がよくにたことば）を書きなさい。□の中のひらがなは一度だけ使い、漢字一字を書きなさい。

20点　2×10

対義語

単純―複（1）（　　）

本業―（2）業（　　）

過去―未（3）（　　）

朗報―（4）報（　　）

分散―集（5）（　　）

類義語

議案―議（6）（　　）

向上―（7）歩（　　）

対比―対（8）（　　）

散在―（9）在（　　）

給料―給（10）（　　）

1 貴重（　　）
2 横顔（　　）
3 湯気（　　）
4 銀紙（　　）
5 厚着（　　）
6 吸収（　　）
7 新型（　　）
8 臨時（　　）
9 夕飯（　　）
10 値札（　　）

六

次の**カタカナ**を**漢字**になおし、**一字だけ**書きなさい。

20点 2×10

1 適**ザイ**適所（　　）
2 残念**ム**念（　　）
3 **シ**葉末節（　　）
4 利害**トク**失（　　）
5 文芸復**コウ**（　　）
6 一言**ハン**句（　　）
7 千**キャク**万来（　　）
8 **カ**鳥風月（　　）
9 千変万**カ**（　　）
10 不**ロウ**不死（　　）

八

ひ・だい・ふく・よ・しょう
ざつ・ちゅう・らい・しん・てん

後の□の中から漢字を選んで、次の意味にあてはまる**熟語**を作りなさい。答えは**記号**で書きなさい。

〈例〉学校から家に帰ること。（下校）サ ク

10点 2×5

1 難しい問題。
2 外から見たすがた形。
3 心をこめてつくす気持ち。
4 広く多くの人に配ること。
5 相手や事情に合ったやり方。

ア 裁　イ 意　ウ 対　エ 配　オ 策　カ 布
キ 難　ク 校　ケ 題　コ 誠　サ 下　シ 体

九

漢字を二字組み合わせた熟語では、二つの漢字の間に意味の上で、次のような関係があります。

20点 2×10

ア　反対や対《つい》になる意味の字を組み合わせたもの（例…前後）
イ　同じような意味の字を組み合わせたもの（例…道路）
ウ　上の字が下の字の意味を説明（修飾《しゅうしょく》）しているもの（例…紅葉）
エ　下の字から上の字へ返って読むと意味がよくわかるもの（例…育児）
オ　上の字が下の字の意味を打ち消しているもの（例…無害）

次の**熟語**は、右のア～オのどれにあたるか、**記号**で答えなさい。

1 不況（　）
2 明暗（　）
3 延期（　）
4 寸断（　）
6 取捨（　）
7 無視（　）
8 看護（　）
9 激痛（　）

十一

次の——線の**カタカナ**を**漢字**になおしなさい。

40点 2×20

1 選挙に勝ってセイケンをにぎる。（　）
2 口外しないようにゲンメイする。（　）
3 バイオリンのドクソウに聞き入る。（　）
4 資格試験のナンカンをとっぱする。（　）
5 兄は外国の切手をシュウシュウしている。（　）
6 血を流しながらゲキツウにたえる。（　）
7 彼はハランにとんだ一生を送った。（　）
8 関係者にゼンショするよう約束する。（　）
9 父を失って一家はクキョウに立たされた。（　）
10 売買取引の決済をスます。（　）

5 富貴（　　）

10 閉会（　　）

(十) 次の——線のカタカナを漢字になおしなさい。

20点 2×10

1 学級委員をツトめる。（　　）

2 兄は役所にツトめている。（　　）

3 エンジンはカイチョウに動く。（　　）

4 子供会のカイチョウに選ばれる。（　　）

5 ぼくの健康にイジョウはない。（　　）

6 毎日八時間イジョウ寝ています。（　　）

7 村の人口はゲンショウの傾向にある。（　　）

8 ゲンショウにとらわれて本質を見失う。（　　）

9 飛行機が着陸のタイセイに入った。（　　）

10 両国の政治や経済のタイセイがちがう。（　　）

11 スナが足元から舞い上がる。（　　）

12 乗客がタクシーをオりる。（　　）

13 ワタクシは中学生になりました。（　　）

14 湖面に紅葉した山がウツる。（　　）

15 ごちそうをカタっぱしから平らげる。（　　）

16 あの人はわがままでコマる。（　　）

17 日曜日をノゾき毎日営業する。（　　）

18 懸賞にフルってご応募ください。（　　）

19 別れのきわの一言がワスれられない。（　　）

20 スてる神あれば拾う神あり。（　　）

模擬試験得点チェック表

[設問事項]	(一)漢字の読み	(二)部首と部首名	(三)筆順と画数	(四)送りがな	(五)音読み・訓読み	(六)四字熟語	(七)対義語・類義語	(八)熟語作り	(九)熟語の構成	(十)同じ読みの漢字	(十一)漢字の書き取り		模擬試験を解き得点を記入しましょう。学習計画にお役立て下さい。
第1回 月 日	/20	/10	/10	/10	/20	/20	/20	/10	/20	/20	/40	=	合計点 /200点
第2回 月 日	/20	/10	/10	/10	/20	/20	/20	/10	/20	/20	/40	=	合計点 /200点
第3回 月 日	/20	/10	/10	/10	/20	/20	/20	/10	/20	/20	/40	=	合計点 /200点
第4回 月 日	/20	/10	/10	/10	/20	/20	/20	/10	/20	/20	/40	=	合計点 /200点
第5回 月 日	/20	/10	/10	/10	/20	/20	/20	/10	/20	/20	/40	=	合計点 /200点
第6回 月 日	/20	/10	/10	/10	/20	/20	/20	/10	/20	/20	/40	=	合計点 /200点
第7回 月 日	/20	/10	/10	/10	/20	/20	/20	/10	/20	/20	/40	=	合計点 /200点
第8回 月 日	/20	/10	/10	/10	/20	/20	/20	/10	/20	/20	/40	=	合計点 /200点
第9回 月 日	/20	/10	/10	/10	/20	/20	/20	/10	/20	/20	/40	=	合計点 /200点
第10回 月 日	/20	/10	/10	/10	/20	/20	/20	/10	/20	/20	/40	=	合計点 /200点
第11回 月 日	/20	/10	/10	/10	/20	/20	/20	/10	/20	/20	/40	=	合計点 /200点
第12回 月 日	/20	/10	/10	/10	/20	/20	/20	/10	/20	/20	/40	=	合計点 /200点
第13回 月 日	/20	/10	/10	/10	/20	/20	/20	/10	/20	/20	/40	=	合計点 /200点
第14回 月 日	/20	/10	/10	/10	/20	/20	/20	/10	/20	/20	/40	=	合計点 /200点

著者略歴
大内田　三郎（おおうちだ・さぶろう）
大阪市立大学名誉教授　文学博士
大阪市立大学大学院博士課程修了
中国語学・日中言語比較論専攻

著　書
1「中国語の基礎」光生館
2「新中国語入門」駿河台出版社
3「中国児童読物選」白帝社
4「中国童話読物選」駿河台出版社
5「基本表現中国語作文」駿河台出版社
6「現代中国語」駿河台出版社
7「困った時の中国語」駿河台出版社
8「中級読物　中国歴史物語」駿河台出版社
9「チィエンタン中国語20課」駿河台出版社
10「基礎からよくわかる中国語文法参考書」駿河台出版社
11「基本文型150で覚える中国語」駿河台出版社
12「初歩から始める中国語」駿河台出版社
13「中国語検定―予想問題と解説」（1級～準4級）　駿河台出版社
14「日常会話で学ぶ中国語」駿河台出版社
15「聞く、話す、読む、基礎から着実に身につく中国語」駿河台出版社
16「初歩から中級へ　話せて使える中国語」駿河台出版社
17「実用ビジネス中国語会話」駿河台出版社
18「中検合格のための傾向と対策」（2級、3級、4級、準4級）駿河台出版社
19「中検模擬試験問題集　リスニング対策編」（3級、4級）駿河台出版社
20「学生のための中国語」駿河台出版社

完全対策！ 漢字検定 模擬試験問題集　5級

2011年11月15日　初版　第1刷発行

著　者　　大内田　三郎
発行者　　井田洋二
発行所　　株式会社　駿河台出版社
〒101-0062　東京都千代田区神田駿河台3-7
TEL：03-3291-1676　　FAX：03-3291-1675
振替00190-3-56669番
E-mail：edit@e-surugadai.com
URL：http://www.e-surugadai.com

製版 フォレスト／印刷 三友印刷
装丁 小熊未央
ISBN978-4-411-04106-7 C2081

別　冊

完全対策！

漢字検定
模擬試験問題集
5級

▸ 模擬試験解答

▸ 5級配当漢字表（181字）

駿河台出版社

第1回 模擬試験 解答

(一)
1 げんりゅう
2 わかば
3 きき
4 ひみつ
5 きゅうさい
6 すじみち
7 はっしゃ
8 ふうちょう
9 こうざい
10 すいそく
11 かぶ
12 なら
13 したが
14 よ
15 つ
16 く
17 さく
18 つくえ
19 おさな
20 ぎり

(二)
1 う
2 ケ
3 き
4 カ
5 あ
6 オ
7 お
8 ク
9 け
10 ア

(三)
1 12
2 12
3 13
4 16
5 10
6 14
7 7
8 15
9 9
10 9

(四)
1 務め
2 降ろす
3 忘れる
4 吸う
5 拝む

(五)
1 ア
2 エ
3 ウ
4 イ
5 ア
6 ウ
7 イ
8 ア
9 エ
10 ウ

(六)
1 既
2 勝
3 口
4 不
5 面
6 体
7 茶
8 負
9 梅
10 消

(七)
1 敗
2 同
3 乱
4 欠
5 時
6 好
7 観
8 断
9 所
10 理

(八)
1 オ・サ
2 ウ・コ
3 キ・ア
4 イ・ケ
5 エ・カ

(九)
1 イ
2 ウ
3 オ
4 エ
5 ア
6 ウ
7 イ
8 オ
9 ア
10 エ

(十)
1 革新
2 確信
3 冷
4 覚
5 快勝
6 解消
7 指示
8 師事
9 知性
10 地勢

(十一)
1 異常
2 休刊
3 熟考
4 方針
5 延長
6 沿線
7 従事
8 敬語
9 臨席
10 善悪
11 納
12 限
13 縦
14 頂
15 干
16 値
17 異
18 困
19 痛
20 飛

第2回 模擬試験 解答

(一)

1 ほぞん
2 ひげき
3 きよう
4 はいゆう
5 ごかい
6 ぜんせん
7 せんよう
8 ひりつ
9 じょうはつ
10 はんだん
11 われ
12 しろ
13 おが
14 きざ
15 なお
16 ま
17 うら
18 うつ
19 わけ
20 れんこ

(二)

1 う
2 コ
3 お
4 ク
5 あ
6 ウ
7 い
8 キ
9 く
10 エ

(三)

1－7
2－9
3－8
4－11
5－8
6－11
7－8
8－10
9－10
10－11

(四)

1 映す
2 誤り
3 探す
4 疑い
5 至る

(五)

1 ア
2 ウ
3 イ
4 ア
5 エ
6 ウ
7 イ
8 エ
9 ウ
10 ア

(六)

1 無
2 販
3 覚
4 大
5 市
6 応
7 飲
8 変
9 命
10 地

(七)

1 秘
2 縮
3 解
4 答
5 返
6 末
7 風
8 心
9 静
10 定

(八)

1 オ・シ
2 ウ・サ
3 ク・ア
4 カ・エ
5 キ・ケ

(九)

1 オ
2 ア
3 ウ
4 エ
5 イ
6 オ
7 エ
8 ウ
9 ア
10 イ

(十)

1 意向
2 以降
3 回転
4 開店
5 降
6 下
7 血行
8 決行
9 辞退
10 事態

(十一)

1 発射
2 本筋
3 従来
4 採録
5 補習
6 地域
7 拡大
8 看病
9 警報
10 非難
11 届
12 捨
13 潮
14 幼
15 収
16 奮
17 群
18 困
19 善
20 帯

第3回 模擬試験 解答

(一)

1 せいじつ
2 そんちょう
3 ひりょう
4 しがん
5 そうい
6 しつぎ
7 いよく
8 えんせん
9 ほしゅう
10 ふんぱつ
11 はり
12 いた
13 あら
14 かぶ
15 なら
16 せ
17 あな
18 おさ
19 ち
20 ちゃくりく

(二)

1 き
2 コ
3 い
4 エ
5 あ
6 ケ
7 え
8 オ
9 く
10 キ

(三)

1－8
2－11
3－8
4－9
5－9
6－13
7－7
8－10
9－9
10－16

(四)

1 厳しい
2 割る
3 認める
4 巻く
5 吸う

(五)

1 ウ
2 ア
3 エ
4 イ
5 ア
6 ウ
7 イ
8 エ
9 ア
10 ウ

(六)

1 整
2 我
3 秋
4 非
5 三
6 予
7 頭
8 親
9 公
10 歴

(七)

1 危
2 要
3 好
4 難
5 応
6 激
7 力
8 服
9 念
10 単

(八)

1 サ・イ
2 オ・コ
3 ア・シ
4 ケ・エ
5 ウ・ク

(九)

1 ウ
2 エ
3 オ
4 イ
5 ア
6 ウ
7 オ
8 エ
9 イ
10 ア

(十)

1 刊行
2 観光
3 移動
4 異同
5 起点
6 機転
7 加盟
8 仮名
9 完勝
10 感傷

(十一)

1 講評
2 翌日
3 厳然
4 純白
5 実態
6 創作
7 鋼材
8 質疑
9 負担
10 潔白
11 沿
12 在
13 蚕
14 届
15 忘
16 幕
17 異
18 潮
19 敬
20 好

第4回 模擬試験 解答

(一)

1 とうは
2 かんけつ
3 かし
4 れっきょ
5 れいはい
6 きょくげん
7 はっき
8 ようしょう
9 はんえい
10 とっくん
11 な
12 そ
13 つた
14 のぞ
15 よ
16 すじ
17 かん
18 つと
19 も
20 ほうたい

(二)

1 く
2 ア
3 い
4 コ
5 う
6 オ
7 お
8 ク
9 か
10 ウ

(三)

1 – 10
2 – 17
3 – 12
4 – 14
5 – 10
6 – 11
7 – 9
8 – 12
9 – 10
10 – 10

(四)

1 盛る
2 射る
3 誤り
4 処する
5 暖める

(五)

1 エ
2 ア
3 イ
4 ウ
5 ア
6 イ
7 ウ
8 エ
9 ア
10 ウ

(六)

1 豊
2 心
3 万
4 身
5 老
6 衛
7 採
8 化
9 考
10 収

(七)

1 増
2 奮
3 兼
4 想
5 正
6 値
7 発
8 往
9 張
10 材

(八)

1 キ・イ
2 ケ・エ
3 コ・ア
4 オ・ウ
5 シ・カ

(九)

1 ア
2 ウ
3 オ
4 エ
5 イ
6 ア
7 エ
8 オ
9 イ
10 ウ

(十)

1 寄港
2 機構
3 休養
4 急用
5 言明
6 厳命
7 快速
8 会則
9 現
10 表

(十一)

1 格段
2 混乱
3 割合
4 至便
5 増進
6 密集
7 法律
8 興奮
9 尊厳
10 推察
11 確
12 縮
13 供
14 似
15 裁
16 解
17 映
18 延
19 快
20 制

第5回 模擬試験 解答

(一)

1 しゅはん
2 とうぎ
3 じゅんど
4 なんかん
5 えんき
6 ちんぎん
7 じゅくどく
8 かんせん
9 ひけつ
10 かんびょう
11 われ
12 たから
13 ちゅう
14 きず
15 うら
16 みだ
17 おさ
18 お
19 はげ
20 のこ

(二)

1 え
2 ケ
3 い
4 キ
5 く
6 ウ
7 あ
8 エ
9 お
10 コ

(三)

1 ―8
2 ―14
3 ―9
4 ―13
5 ―11
6 ―12
7 ―7
8 ―11
9 ―7
10 ―14

(四)

1 痛む
2 除く
3 降り
4 垂れる
5 縮める

(五)

1 ウ
2 イ
3 エ
4 ア
5 ウ
6 エ
7 ア
8 イ
9 ウ
10 ア

(六)

1 利
2 下
3 公
4 急
5 退
6 無
7 舌
8 敵
9 重
10 千

(七)

1 異
2 念
3 失
4 小
5 退
6 見
7 変
8 輸
9 修
10 細

(八)

1 イ・ケ
2 キ・ア
3 エ・サ
4 ク・オ
5 ウ・シ

(九)

1 イ
2 ア
3 エ
4 オ
5 ウ
6 ア
7 イ
8 エ
9 オ
10 ウ

(十)

1 指定
2 師弟
3 期待
4 機体
5 私情
6 紙上
7 過程
8 仮定
9 帰省
10 規制

(十一)

1 縦横
2 絶賛
3 激賞
4 講演
5 専有
6 指揮
7 降格
8 裁決
9 欲望
10 軍勢
11 済
12 探
13 経
14 至
15 危
16 延
17 降
18 備
19 疑
20 笑

第6回 模擬試験 解答

(一)

1 やくわり
2 まいばん
3 ざせき
4 けいふく
5 はらだ
6 いさん
7 じゅくち
8 しれん
9 だんそう
10 ひっし
11 そ
12 す
13 おぼ
14 まく
15 かよ
16 とど
17 さが
18 わか
19 すがた
20 さくら

(二)

1 か
2 エ
3 あ
4 コ
5 う
6 ア
7 え
8 キ
9 き
10 カ

(三)

1－7
2－16
3－7
4－15
5－8
6－12
7－6
8－10
9－10
10－13

(四)

1 届ける
2 誤り
3 困る
4 危ない
5 私する

(五)

1 ウ
2 ア
3 イ
4 エ
5 ア
6 ウ
7 エ
8 イ
9 ア
10 ウ

(六)

1 義
2 辞
3 古
4 転
5 応
6 画
7 四
8 退
9 地
10 航

(七)

1 干
2 利
3 分
4 険
5 逆
6 度
7 普
8 向
9 機
10 状

(八)

1 サ・オ
2 イ・シ
3 ア・ク
4 エ・コ
5 ケ・ウ

(九)

1 エ
2 ウ
3 ア
4 イ
5 オ
6 エ
7 ウ
8 ア
9 イ
10 オ

(十)

1 感想
2 完走
3 求職
4 給食
5 私信
6 指針
7 下限
8 加減
9 支障
10 死傷

(十一)

1 財源
2 発展
3 精勤
4 禁句
5 砂糖
6 推賞
7 並行
8 好評
9 上映
10 障害
11 割
12 済
13 閉
14 除
15 従
16 革
17 暮
18 姿
19 縮
20 忘

第7回 模擬試験 解答

(一)

1 にあ
2 つうきん
3 きいん
4 ぐんしゅう
5 かくさく
6 たんにん
7 しょうらい
8 さんぱい
9 しんぞう
10 じゅうし
11 おさ
12 の
13 はげ
14 とど
15 しず
16 おさ
17 いた
18 たまご
19 あやま
20 はか

(二)

1 き
2 ア
3 い
4 ウ
5 う
6 ケ
7 か
8 ク
9 く
10 カ

(三)

1－10
2－16
3－13
4－16
5－10
6－14
7－7
8－12
9－9
10－13

(四)

1 染める
2 暖かい
3 射る
4 備える
5 難しい

(五)

1 イ
2 ア
3 ウ
4 エ
5 ウ
6 ア
7 エ
8 ウ
9 イ
10 ア

(六)

1 望
2 色
3 合
4 天
5 外
6 足
7 大
8 預
9 品
10 可

(七)

1 予
2 所
3 受
4 離
5 許
6 知
7 版
8 改
9 銘
10 金

(八)

1 カ・エ
2 ア・シ
3 ウ・ケ
4 サ・イ
5 キ・コ

(九)

1 ウ
2 イ
3 オ
4 ア
5 イ
6 ウ
7 エ
8 オ
9 エ
10 ア

(十)

1 提示
2 定時
3 解明
4 改名
5 興行
6 工業
7 軽傷
8 景勝
9 努
10 務

(十一)

1 誠意
2 検証
3 激動
4 故障
5 骨子
6 混同
7 任務
8 呼
9 立憲
10 逆風
11 裁
12 拝
13 穴
14 認
15 捨
16 源
17 干
18 探
19 刻
20 情

第8回 模擬試験 解答

(一)

1 はんしゃ
2 けいえん
3 けいゆ
4 しゅうのう
5 おんぞん
6 たいそう
7 しょぞう
8 こじょう
9 じっしゅう
10 よ
11 すがた
12 したが
13 おぎな
14 が
15 わか
16 い
17 な
18 むずか
19 はら
20 むね

(二)

1 く
2 カ
3 え
4 オ
5 あ
6 コ
7 い
8 ウ
9 か
10 ク

(三)

1－10
2－13
3－13
4－15
5－6
6－9
7－9
8－11
9－11
10－12

(四)

1 縮める
2 届く
3 裁く
4 困った
5 探す

(五)

1 ア
2 ウ
3 イ
4 イ
5 ウ
6 ア
7 イ
8 エ
9 ウ
10 ア

(六)

1 同
2 戸
3 省
4 多
5 石
6 令
7 一
8 答
9 致
10 存

(七)

1 絶
2 望
3 悪
4 配
5 離
6 心
7 団
8 立
9 倹
10 快

(八)

1 キ・ア
2 イ・サ
3 エ・コ
4 ウ・シ
5 オ・ク

(九)

1 オ
2 ア
3 エ
4 ウ
5 イ
6 ア
7 オ
8 エ
9 イ
10 ウ

(十)

1 納
2 収
3 高貴
4 好機
5 観劇
6 感激
7 簡潔
8 完結
9 指名
10 使命

(十一)

1 議論
2 創設
3 地域
4 歴任
5 開閉
6 深刻
7 紅茶
8 通勤
9 電源
10 垂
11 供
12 乱
13 巻
14 降
15 境
16 灰
17 染
18 採
19 除
20 苦

第9回 模擬試験 解答

(一)
1 かいじょ
2 くつう
3 そうさ
4 たんしゅく
5 かいかく
6 じゅうじゅん
7 うちゅう
8 じゅうだん
9 てんかい
10 かんげき
11 わけ
12 むずか
13 あぶ
14 す
15 はじ
16 は
17 あらた
18 うやま
19 そ
20 たわら

(二)
1 お
2 ク
3 あ
4 ウ
5 う
6 ケ
7 く
8 エ
9 け
10 カ

(三)
1 1−8
2 2−14
3 3−9
4 4−9
5 5−9
6 6−14
7 7−9
8 8−12
9 9−8
10 10−19

(四)
1 至る
2 供える
3 疑う
4 届く
5 垂れる

(五)
1 ウ
2 イ
3 ア
4 エ
5 ウ
6 ア
7 イ
8 ウ
9 エ
10 ア

(六)
1 言
2 決
3 伝
4 心
5 起
6 序
7 中
8 異
9 部
10 左

(七)
1 答
2 脱
3 冷
4 慢
5 遷
6 望
7 関
8 鳴
9 激
10 解

(八)
1 コ・ウ
2 イ・シ
3 カ・ア
4 ケ・エ
5 キ・オ

(九)
1 オ
2 ウ
3 イ
4 エ
5 ア
6 ウ
7 オ
8 エ
9 イ
10 ア

(十)
1 備
2 供
3 完成
4 感性
5 回想
6 快走
7 関知
8 完治
9 気管
10 機関

(十一)
1 類型
2 下降
3 部署
4 専門
5 比例
6 誌面
7 波乱
8 任務
9 反映
10 熱弁
11 洗
12 願
13 映
14 務
15 最
16 盛
17 割
18 晩
19 積
20 腹

第10回 模擬試験 解答

(一)
1 たんきゅう
2 ねんぴ
3 にんき
4 せんでん
5 ふたん
6 かくぎ
7 べっさつ
8 こうせき
9 こおう
10 とうぶん
11 く
12 この
13 す
14 みだ
15 はたら
16 すな
17 よろこ
18 と
19 ちぢ
20 ほとけ

(二)
1 う
2 ア
3 お
4 ク
5 い
6 キ
7 え
8 ウ
9 か
10 ケ

(三)
1 11
2 12
3 10
4 12
5 6
6 10
7 12
8 14
9 9
10 16

(四)
1 収める
2 異なる
3 尊さ
4 並ぶ
5 暮れる

(五)
1 エ
2 ア
3 ウ
4 イ
5 ア
6 ウ
7 イ
8 ア
9 エ
10 ウ

(六)
1 両
2 用
3 四
4 出
5 信
6 遺
7 医
8 満
9 深
10 長

(七)
1 廃
2 和
3 減
4 道
5 支
6 分
7 平
8 主
9 整
10 上

(八)
1 キ・ア
2 ウ・シ
3 サ・エ
4 オ・イ
5 ク・ケ

(九)
1 ア
2 ウ
3 イ
4 エ
5 オ
6 ウ
7 エ
8 ア
9 イ
10 オ

(十)
1 映
2 移
3 想像
4 創造
5 景観
6 警官
7 製作
8 政策
9 検証
10 憲章

(十一)
1 視界
2 承服
3 救護
4 看取
5 延着
6 設備
7 仏閣
8 資料
9 画策
10 腹
11 乳
12 株
13 裏
14 巻
15 胸
16 備
17 支
18 疑
19 座
20 減

第11回 模擬試験 解答

(一)
1 すんだん
2 しょめい
3 ふくそう
4 ちゅうじつ
5 まどぐち
6 じゅりつ
7 ごじ
8 しんせい
9 とろう
10 はんぜん
11 の
12 かこ
13 むずか
14 のぞ
15 うたが
16 いた
17 か
18 もと
19 うら
20 まず

(二)
1 け
2 ア
3 え
4 カ
5 う
6 ケ
7 い
8 コ
9 か
10 キ

(三)
1－15
2－18
3－6
4－9
5－11
6－12
7－6
8－9
9－5
10－14

(四)
1 訳す
2 補う
3 善い
4 痛ましい
5 閉める

(五)
1 ア
2 ウ
3 イ
4 エ
5 ウ
6 ア
7 エ
8 ウ
9 イ
10 ア

(六)
1 過
2 言
3 着
4 絶
5 意
6 温
7 正
8 晩
9 書
10 異

(七)
1 足
2 受
3 分
4 生
5 他
6 疑
7 情
8 態
9 善
10 表

(八)
1 サ・イ
2 エ・オ
3 シ・ア
4 ウ・ケ
5 ク・コ

(九)
1 オ
2 エ
3 ア
4 イ
5 ウ
6 エ
7 ウ
8 オ
9 イ
10 ア

(十)
1 射
2 入
3 果報
4 家宝
5 快感
6 開館
7 採血
8 裁決
9 仮装
10 下層

(十一)
1 経済
2 登頂
3 敬服
4 熟考
5 胸中
6 誠意
7 異存
8 誤算
9 増収
10 善
11 収
12 痛
13 険
14 拝
15 源
16 困
17 蚕
18 勤
19 干
20 終

第12回 模擬試験 解答

(一)

1 たんじょう
2 こうし
3 ととう
4 ちいき
5 しゅだん
6 はんそく
7 しょぶん
8 しせい
9 きちょう
10 ちょさく
11 ふる
12 かた
13 と
14 いただき
15 いた
16 たて
17 ほね
18 め
19 むす
20 す

(二)

1 え
2 ア
3 い
4 カ
5 お
6 ク
7 あ
8 キ
9 け
10 ウ

(三)

1 1–6
2 2–9
3 3–11
4 4–12
5 5–12
6 6–12
7 7–12
8 8–15
9 9–11
10 10–13

(四)

1 納まる
2 頂く
3 補う
4 暮らし
5 映す

(五)

1 ウ
2 エ
3 ア
4 エ
5 ウ
6 エ
7 ア
8 ウ
9 イ
10 ア

(六)

1 示
2 千
3 枚
4 有
5 多
6 聞
7 独
8 練
9 直
10 行

(七)

1 果
2 主
3 容
4 答
5 同
6 熱
7 談
8 熟
9 易
10 宿

(八)

1 キ・ケ
2 シ・ア
3 サ・エ
4 ク・イ
5 ウ・コ

(九)

1 ア
2 ウ
3 イ
4 オ
5 エ
6 ウ
7 ア
8 オ
9 エ
10 イ

(十)

1 会
2 合
3 移植
4 異色
5 所感
6 書簡
7 異議
8 意義
9 特典
10 得点

(十一)

1 根源
2 標識
3 軽視
4 群衆
5 禁止
6 寸前
7 系統
8 純潔
9 権利
10 縦
11 並
12 現
13 洗
14 吸
15 易
16 値
17 絹
18 補
19 至
20 登

第13回 模擬試験 解答

(一)
1 じこく　2 きたく　3 せすじ　4 あんぴ　5 ひなん　6 しょせつ　7 さんぴ　8 けいび　9 こしょう　10 ねびき
11 こと　12 にん　13 きざ　14 たから　15 したが　16 みと　17 あ　18 とど　19 す　20 はら

(二)
1 あ　2 カ　3 え　4 ケ　5 く　6 ウ　7 い　8 ク　9 か　10 エ

(三)
1 7　2 10　3 15　4 16　5 7　6 10　7 5　8 8　9 6　10 10

(四)
1 染まる　2 乱れる　3 刻む　4 異なる　5 暖める

(五)
1 イ　2 ア　3 エ　4 ウ　5 ア　6 ウ　7 イ　8 エ　9 ア　10 ウ

(六)
1 断　2 発　3 立　4 満　5 在　6 事　7 意　8 雨　9 年　10 象

(七)
1 登　2 痛　3 否　4 意　5 利　6 無　7 博　8 光　9 事　10 進

(八)
1 エ・コ　2 イ・シ　3 ク・ア　4 サ・ウ　5 ケ・カ

(九)
1 イ　2 ウ　3 ア　4 エ　5 オ　6 ア　7 ウ　8 エ　9 オ　10 イ

(十)
1 解放　2 快方　3 習慣　4 週間　5 映　6 移　7 会談　8 階段　9 改正　10 快晴

(十一)
1 誤算　2 深刻　3 現存　4 単純　5 厳禁　6 難局　7 簡便　8 洋裁　9 視察　10 骨
11 届　12 筋　13 巻　14 若　15 背　16 窓　17 胸　18 再　19 暮　20 言

第14回 模擬試験 解答

(一)

1 きゅうしゅう
2 おんだん
3 こうこう
4 ざんしょ
5 じこ
6 ひきょう
7 ちょうてん
8 いろん
9 かだい
10 はきょく
11 そ
12 ま
13 こころ
14 かいこ
15 ちぢ
16 す
17 つと
18 じゅく
19 わす
20 くれ

(二)

1 く
2 カ
3 え
4 ク
5 い
6 ケ
7 か
8 オ
9 お
10 ウ

(三)

1 ー 6
2 ー 9
3 ー 8
4 ー 11
5 ー 8
6 ー 14
7 ー 13
8 ー 16
9 ー 8
10 ー 13

(四)

1 洗う
2 疑い
3 痛い
4 済む
5 訪ねる

(五)

1 ア
2 ウ
3 エ
4 イ
5 ウ
6 ア
7 イ
8 ア
9 エ
10 ウ

(六)

1 材
2 無
3 枝
4 得
5 興
6 半
7 客
8 花
9 化
10 老

(七)

1 雑
2 副
3 来
4 悲
5 中
6 題
7 進
8 照
9 点
10 与

(八)

1 キ・ケ
2 シ・ア
3 コ・イ
4 エ・カ
5 ウ・オ

(九)

1 オ
2 ア
3 エ
4 ウ
5 イ
6 ア
7 オ
8 イ
9 ウ
10 エ

(十)

1 務
2 勤
3 快調
4 会長
5 異状
6 以上
7 減少
8 現象
9 態勢
10 体制

(十一)

1 政権
2 厳命
3 独奏
4 難関
5 収集
6 激痛
7 波乱
8 善処
9 苦境
10 済
11 砂
12 降
13 私
14 映
15 片
16 困
17 除
18 奮
19 忘
20 捨

5級 配当漢字表

181字

この配当漢字表は、漢字検定5級で新たに出題される5級配当漢字181字を五十音順に並べたものです。漢字検定5級で覚えていなければならない漢字は、この配当漢字181字を中心に、小学校で習う教育漢字1006字です。漢字の読みは、音読みをカタカナ、訓読みをひらがなで表しています。送りがなは細字で示し、（　）の中は、中学校以上で習う読みです。

漢字	読み	部首・部首名	総画数	漢字の意味	用例	筆順（数字は何画目かを示します）
イ 異	イ こと	田 た	11	ちがう・ふつうでない・めずらしい・別《べつ》の	異性《いせい》・異常《いじょう》 異義《いぎ》・差異《さい》	3 5 7 9 11
遺	イ （ユイ）	辶 しんにょう しんにゅう	15	のこす・のこる・忘《わす》れる・すてる	遺産《いさん》・遺物《いぶつ》 遺族《いぞく》・遺伝《いでん》	4 7 10 14 15
域	イキ	土 つちへん	11	さかい・範囲《はんい》・国《くに》・地方《ちほう》	区域《くいき》・声域《せいいき》 流域《りゅういき》・領域《りょういき》	4 6 8 9 11
ウ 宇	ウ	宀 うかんむり	6	そら・心《こころ》の広《ひろ》さ・やね・家《いえ》	宇宙《うちゅう》・気宇《きう》 堂宇《どうう》	1 3 4 5 6
映	エイ うつる うつす （はえる）	日 ひへん	9	うつる・うつす・はえる・かがやく	映画《えいが》・反映《はんえい》 映像《えいぞう》・放映《ほうえい》	3 5 6 7 9
延	エン のびる のべる のばす	廴 えんにょう	8	長《なが》くなる・広《ひろ》がる・おくれる・のべ	延長《えんちょう》・延期《えんき》 延命《えんめい》・順延《じゅんえん》	2 4 6 7 8

漢字	読み	部首	部首名	画数	意味	用例	筆順
供	キョウ (ク) そなえる とも	亻	にんべん	8	そなえる・差《さ》し出《だ》す・のべる・おとも	供《そな》え物《もの》・提供《ていきょう》・供給《きょうきゅう》・自供《じきょう》	2 3 4 5 8
胸	キョウ むね (むな)	月	にくづき	10	むね・心《こころ》の中《なか》	胸囲《きょうい》・度胸《どきょう》・胸像《きょうぞう》・胸中《きょうちゅう》	4 6 7 9 10
郷	キョウ (ゴウ)	阝	おおざと	11	ふるさと・場所《ばしょ》・ところ	故郷《こきょう》・郷土《きょうど》・帰郷《ききょう》・理想郷《りそうきょう》	2 4 6 9 11
勤	キン (ゴン) つとまる つとめる	力	ちから	12	働《はたら》く・仕事《しごと》に従事《じゅうじ》する	勤務《きんむ》・勤勉《きんべん》・転勤《てんきん》・勤《つと》め先《さき》	3 6 7 10 12
筋	キン すじ	⺮	たけかんむり	12	からだの中《なか》のすじ・すじ状《じょう》のもの・ものの道筋《みちすじ》・あらまし	筋肉《きんにく》・道筋《みちすじ》・鉄筋《てっきん》・首筋《くびすじ》	4 6 8 11 12
系	ケイ	糸	いと	7	つながり・つながりをもった分類《ぶんるい》・血《ち》のつながり	系列《けいれつ》・大系《たいけい》・系統《けいとう》・体系《たいけい》	1 3 4 5 7
敬	ケイ うやまう	攵	のぶん ぼくづくり	12	うやまう・つつしむ・かしこまる	敬語《けいご》・尊敬《そんけい》・敬意《けいい》・敬老《けいろう》	3 5 9 11 12
警	ケイ	言	げん	19	用心《ようじん》させる・まもる	警告《けいこく》・警備《けいび》・警官《けいかん》・警報《けいほう》	3 8 12 16 19
劇	ゲキ	刂	りっとう	15	はげしい・いそがしい・しばい	劇薬《げきやく》・劇場《げきじょう》・劇痛《げきつう》・演劇《えんげき》	1 3 8 10 15

漢字	読み	部首	部首名	画数	意味	用例	筆順
激	ゲキ はげしい	氵	さんずい	16	はげしい・たかぶる	激流《げきりゅう》・感激《かんげき》 激化《げきか》・激動《げきどう》	3 8 11 14 16
穴	（ケツ） あな	穴	あな	5	あな・地面《じめん》などのくぼんだところ	節穴《ふしあな》・穴場《あなば》 大穴《おおあな》・横穴《よこあな》	1 2 3 4 5
絹	（ケン） きぬ	糸	いとへん	13	きぬ・きぬで織《お》った布《ぬの》	絹糸《きぬいと》・絹地《きぬじ》 絹針《きぬばり》・絹織物《きぬおりもの》	2 4 8 11 13
権	ケン （ゴン）	木	きへん	15	ちから・正当《せいとう》な資格《しかく》・まにあわせ	権利《けんり》・人権《じんけん》 権限《けんげん》・実権《じっけん》	7 9 11 12 15
憲	ケン	心	こころ	16	もとになる法律《ほうりつ》・おきて・役人《やくにん》	憲法《けんぽう》・官憲《かんけん》 憲章《けんしょう》・合憲《ごうけん》	4 5 10 13 16
源	ゲン みなもと	氵	さんずい	13	水《みず》の流《なが》れ出《で》るもと・物事《ものごと》のはじまり	源流《げんりゅう》・資源《しげん》 源泉《げんせん》・起源《きげん》	4 6 8 11 13
厳	ゲン （ゴン） きびしい （おごそか）	⺍	つかんむり	17	おごそか・いかめしい・きびしい	厳重《げんじゅう》・尊厳《そんげん》 厳格《げんかく》・厳禁《げんきん》	4 9 12 15 17
己（コ）	コ （キ） （おのれ）	己	おのれ	3	自分《じぶん》・おのれ	自己《じこ》・利己《りこ》	1 2 3
呼	コ よぶ	口	くちへん	8	息《いき》をはく・よびかける・名《な》づける	呼吸《こきゅう》・呼応《こおう》 連呼《れんこ》・呼《よ》び出《だ》し	2 4 5 7 8

漢字	読み	部首	部首名	画数	意味	熟語	筆順
誤	ゴ あやまる	言	ごんべん	14	まちがえる・まちがい	誤解《ごかい》・正誤《せいご》 誤差《ごさ》・誤字《ごじ》	7 10 11 12 14
后	コウ	口	くち	6	天子《てんし》の妻《つま》・きさき・あと	皇后《こうごう》・皇太后《こうたいごう》	1 2 3 5 6
孝	コウ	子	こ	7	父母《ふぼ》によく仕《つか》えること	孝行《こうこう》・不孝《ふこう》 孝心《こうしん》・忠孝《ちゅうこう》	1 2 4 5 7
皇	コウ オウ	白	しろ	9	君主《くんしゅ》・天子《てんし》・天皇《てんのう》の	皇室《こうしつ》・皇位《こうい》 皇居《こうきょ》・皇族《こうぞく》	1 3 6 7 9
紅	コウ (ク) べに (くれない)	糸	いとへん	9	あざやかな赤《あか》い色《いろ》・べに・女《おんな》の人《ひと》	紅茶《こうちゃ》・口紅《くちべに》 紅白《こうはく》・紅潮《こうちょう》	2 4 7 8 9
降	コウ おりる おろす ふる	阝	こざとへん	10	ふる・おりる・負《ま》けてしたがう・のち	降雨《こうう》・降参《こうさん》 下降《かこう》・乗降《じょうこう》	3 5 8 9 10
鋼	コウ (はがね)	金	かねへん	16	はがね・かたくきたえた鉄《てつ》	鋼鉄《こうてつ》・製鋼《せいこう》 鋼材《こうざい》・鉄鋼《てっこう》	8 10 13 14 16
刻	コク きざむ	刂	りっとう	8	きざむ・刃物《はもの》でほる・とき・きびしい	刻印《こくいん》・時刻《じこく》 深刻《しんこく》・定刻《ていこく》	3 4 5 6 8
穀	コク	禾	のぎへん	14	実《み》を主食《しゅしょく》とする作物《さくもつ》	穀物《こくもつ》・雑穀《ざっこく》 米穀《べいこく》・穀類《こくるい》	3 7 11 13 14

骨	コツ ほね	骨	ほね	10	ほね・物事《ものごと》の中心《ちゅうしん》になるもの・気《き》だて	骨格《こっかく》・骨子《こっし》 骨折《こっせつ》・鉄骨《てっこつ》	1 3 5 8 10
困	コン こまる	口	くにがまえ	7	こまる・くるしむ	困難《こんなん》・貧困《ひんこん》・困《こん》苦《く》・返事《へんじ》に困《こま》る	2 3 4 6 7
砂	サ（シャ） すな	石	いしへん	9	すな・すなのようなこまかいつぶ	砂場《すなば》・砂鉄《さてつ》 砂糖《さとう》・砂山《すなやま》	1 3 6 8 9
座	ザ （すわる）	广	まだれ	10	すわる・すわる場所《ばしょ》・人《ひと》の集《あつ》まり	座席《ざせき》・満座《まんざ》 講座《こうざ》・星座《せいざ》	3 5 7 8 10
済	サイ すむ すます	氵	さんずい	11	かたをつける・救《すく》う・助《たす》ける	返済《へんさい》・救済《きゅうさい》 経済《けいざい》・決済《けっさい》	3 6 8 10 11
裁	サイ さばく （たつ）	衣	ころも	12	布《ぬの》をたちきる・判定《はんてい》をくだす・ようす	裁断《さいだん》・裁判《さいばん》 裁決《さいけつ》・制裁《せいさい》	3 9 10 11 12
策	サク	⺮	たけかんむり	12	はかりごと・方法《ほうほう》・つえ	政策《せいさく》・散策《さんさく》 策定《さくてい》・策略《さくりゃく》	6 9 10 11 12
冊	サツ （サク）	冂	どうがまえ けいがまえ まきがまえ	5	本《ほん》・本《ほん》などを数《かぞ》える語《ご》・ふだ	別冊《べっさつ》・冊数《さっすう》 冊子《さっし》・数冊《すうさつ》	1 2 3 4 5
蚕	サン かいこ	虫	むし	10	カイコ	蚕糸《さんし》・養蚕《ようさん》 蚕業《さんぎょう》・蚕食《さんしょく》	2 5 8 9 10

至	私	姿	視	詞	誌	磁	射	捨
シ いたる	シ わたくし	シ すがた	シ	シ	シ	ジ	シャ いる	シャ すてる
至	禾	女	見	言	言	石	寸	扌
いたる	のぎへん	おんな	みる	ごんべん	ごんべん	いしへん	すん	てへん
6	7	9	11	12	14	14	10	11
いたる・行《い》きつく・この上《うえ》なく	自分《じぶん》・個人的《こじんてき》なこと・ないしょ	すがた・からだつき・ありさま	よく見《み》る・…と見《み》る	ことば・詩《し》や文章《ぶんしょう》・文法上《ぶんぽうじょう》の分類《ぶんるい》	書《か》き記《しる》したもの・雑誌《ざっし》の略《りゃく》	じしゃく・やきもの	矢《や》をいる・いきおいよく発《はっ》する・ねらう	すてる・お金《かね》や品物《しなもの》を寄付《きふ》する
必至《ひっし》・至急《しきゅう》 至近《しきん》・至難《しなん》	私的《してき》・公私《こうし》 私案《しあん》・私財《しざい》	姿勢《しせい》・姿態《したい》 容姿《ようし》・後《うし》ろ姿《すがた》	視覚《しかく》・重視《じゅうし》 視察《しさつ》・視点《してん》	歌詞《かし》・動詞《どうし》 作詞《さくし》・品詞《ひんし》	日誌《にっし》・雑誌《ざっし》 誌面《しめん》・地誌《ちし》	磁気《じき》・磁器《じき》 磁極《じきょく》・磁針《じしん》	射手《しゃしゅ》《いて》・発射《はっしゃ》 注射《ちゅうしゃ》・反射《はんしゃ》	取捨《しゅしゃ》・喜捨《きしゃ》 四捨五入《ししゃごにゅう》
至 2 至 3 至 4 至 5 至 6	私 2 私 3 私 5 私 6 私 7	姿 3 姿 5 姿 7 姿 8 姿 9	視 2 視 4 視 6 視 9 視 11	詞 4 詞 7 詞 8 詞 10 詞 12	誌 7 誌 8 誌 9 誌 12 誌 14	磁 5 磁 8 磁 9 磁 11 磁 14	射 3 射 6 射 8 射 9 射 10	捨 4 捨 6 捨 7 捨 9 捨 11

漢字	読み	部首	部首名	画数	意味	用例	筆順
尺	シャク	尸	かばね・しかばね	4	ものさし・長《なが》さの単位《たんい》	尺度《しゃくど》・縮尺《しゅくしゃく》・尺八《しゃくはち》・巻《ま》き尺《じゃく》	尺 1・尺 2・尺 3・尺 4
若	(ジャク)(ニャク) わかい (もしくは)	艹	くさかんむり	8	わかい・おさない・少《すこ》し	若者《わかもの》・若芽《わかめ》・若葉《わかば》・若年《じゃくねん》	若 3・若 4・若 5・若 6・若 8
樹	ジュ	木	きへん	16	木《き》・立《た》ち木《き》・しっかりと立《た》てる	樹木《じゅもく》・樹立《じゅりつ》・樹氷《じゅひょう》・果樹《かじゅ》	樹 4・樹 9・樹 13・樹 14・樹 16
収	シュウ おさめる おさまる	又	また	4	おさめる・とり入《い》れる・ちぢまる	収入《しゅうにゅう》・回収《かいしゅう》・収支《しゅうし》・年収《ねんしゅう》	収 1・収 2・収 3・収 4
宗	シュウ (ソウ)	宀	うかんむり	8	神《かみ》や仏《ほとけ》の教《おし》え・先祖《せんぞ》	宗教《しゅうきょう》・改宗《かいしゅう》・宗派《しゅうは》・宗祖《しゅうそ》	宗 3・宗 5・宗 6・宗 7・宗 8
就	シュウ (ジュ)(つく)(つける)	尢	だいのまげあし	12	つく・仕事《しごと》や役目《やくめ》につく・なしとげる	就職《しゅうしょく》・去就《きょしゅう》・就学《しゅうがく》・就任《しゅうにん》	就 8・就 9・就 10・就 11・就 12
衆	シュウ (シュ)	血	ち	12	多《おお》い・多《おお》くの人々《ひとびと》	大衆《たいしゅう》・衆知《しゅうち》・公衆《こうしゅう》・観衆《かんしゅう》	衆 6・衆 8・衆 10・衆 11・衆 12
従	ジュウ (ショウ)(ジュ) したがう したがえる	彳	ぎょうにんべん	10	ついていく・けらい・たずさわる・したがう	従順《じゅうじゅん》・主従《しゅじゅう》・従来《じゅうらい》・服従《ふくじゅう》	従 3・従 6・従 7・従 9・従 10
縦	ジュウ たて	糸	いとへん	16	たて・上下《じょうげ》の方向《ほうこう》・自由《じゆう》かってにする	縦断《じゅうだん》・縦糸《たていと》・操縦《そうじゅう》・縦笛《たてぶえ》	縦 6・縦 9・縦 12・縦 14・縦 16

漢字	読み	部首	部首名	画数	意味	用例	筆順
縮	シュク ちぢむ ちぢまる ちぢめる ちぢれる ちぢらす	糸	いとへん	17	小《ちい》さくなる・ちぢむ・ちぢれる	縮図《しゅくず》・収縮《しゅうしゅく》 縮尺《しゅくしゃく》・圧縮《あっしゅく》	6 9 11 15 17
熟	ジュク (うれる)	灬	れんが れっか	15	にる・うれる・実《みの》る・十分《じゅうぶん》に	早熟《そうじゅく》・熟考《じゅっこう》 熟知《じゅくち》・習熟《しゅうじゅく》	6 8 9 11 15
純	ジュン	糸	いとへん	10	まじりけがない・ありのままである	純粋《じゅんすい》・単純《たんじゅん》 純益《じゅんえき》・純情《じゅんじょう》	6 7 8 9 10
処	ショ	几	つくえ	5	いる・おる・きりもりする・ところ	処世《しょせい》・処置《しょち》 処理《しょり》・対処《たいしょ》	1 2 3 4 5
署	ショ	罒	あみがしら あみめ よこめ	13	書《か》き記《しる》す・わりあてる・役所《やくしょ》	署名《しょめい》・署長《しょちょう》 部署《ぶしょ》・警察署《けいさつしょ》	4 6 9 11 13
諸	ショ	言	ごんべん	15	いろいろな・たくさんの	諸説《しょせつ》・諸国《しょこく》 諸般《しょはん》・諸君《しょくん》	7 8 11 13 15
除	ジョ (ジ) のぞく	阝	こざとへん	10	とりさる・割《わ》り算《ざん》	除去《じょきょ》・除数《じょすう》 除外《じょがい》・除草《じょそう》	3 5 7 8 10
将	ショウ	寸	すん	10	軍《ぐん》をひきいる人《ひと》・…しようとする	将軍《しょうぐん》・将来《しょうらい》 主将《しゅしょう》・王将《おうしょう》	3 4 7 8 10
傷	ショウ きず (いたむ) (いためる)	亻	にんべん	13	きず・きずつける・心《こころ》をいためる	傷害《しょうがい》・傷心《しょうしん》 感傷《かんしょう》・傷口《きずぐち》	3 6 9 11 13

障	ショウ (さわる)	阝	こざとへん	14	さしつかえる・へだて・守《まも》る	障害《しょうがい》・障子《しょうじ》 故障《こしょう》・保障《ほしょう》	3 6 10 13 14
城	ジョウ しろ	𡈽	つちへん	9	しろ・ふせぎまもるための建造物《けんぞうぶつ》	城主《じょうしゅ》・築城《ちくじょう》 根城《ねじろ》・城下町《じょうかまち》	4 5 6 7 9
蒸	ジョウ (むす) (むれる) (むらす)	艹	くさかんむり	13	むす・水《みず》が気体《きたい》になること	蒸発《じょうはつ》・蒸気《じょうき》 蒸散《じょうさん》・水蒸気《すいじょうき》	4 6 7 9 13
針	シン はり	金	かねへん	10	はり・はりのようにとがったもの	針箱《はりばこ》・指針《ししん》 方針《ほうしん》・針葉樹《しんようじゅ》	4 5 7 9 10
仁	ジン (ニ)	亻	にんべん	4	思《おも》いやりの心《こころ》・情《なさ》け・ひと	仁徳《じんとく》・仁愛《じんあい》 仁術《じんじゅつ》・一視同仁《いっしどうじん》	1 2 3 4
セ 垂	スイ たれる たらす	土	つち	8	ぶらさがる・たれる	垂直《すいちょく》・垂線《すいせん》 雨垂《あまだ》れ	3 4 6 7 8
推	スイ (おす)	扌	てへん	11	前方《ぜんぽう》へすすめる・おしはかる・人《ひと》をおしあげる	推進《すいしん》・推理《すいり》 推賞《すいしょう》・推測《すいそく》	5 6 7 8 11
寸	スン	寸	すん	3	長《なが》さの単位《たんい》・ほんの少《すこ》し・わずか	一寸《いっすん》・寸志《すんし》 寸前《すんぜん》・寸法《すんぽう》	1 2 3
盛	(セイ) (ジョウ) もる (さかる) (さかん)	皿	さら	11	もる・勢《いきお》いがよい・りっぱな	山盛《やまも》り 土《つち》を盛《も》る	1 3 5 8 11

漢字	読み	部首	部首名	画数	意味	用例	筆順
聖	セイ	耳	みみ	13	きよらかな・その道《みち》で最高《さいこう》の人《ひと》・とうとい	聖歌《せいか》・聖人《せいじん》 聖書《せいしょ》・聖地《せいち》	2 5 8 11 13
誠	セイ（まこと）	言	ごんべん	13	うそやつくりごとがない・まごころ	誠実《せいじつ》・忠誠《ちゅうせい》 誠意《せいい》・至誠《しせい》	8 9 10 11 13
宣	セン	宀	うかんむり	9	はっきり述《の》べる・広《ひろ》く知《し》らせる	宣言《せんげん》・宣伝《せんでん》 宣告《せんこく》・宣戦《せんせん》	3 4 6 8 9
専	セン（もっぱら）	寸	すん	9	いちずに・自分《じぶん》だけのものにする	専念《せんねん》・専用《せんよう》 専任《せんにん》・専門《せんもん》	3 5 6 7 9
泉	セン いずみ	水	みず	9	水《みず》のわき出《で》るところ・あの世《よ》・温泉《おんせん》	温泉《おんせん》・泉下《せんか》 源泉《げんせん》・鉱泉《こうせん》	3 6 7 8 9
洗	セン あらう	氵	さんずい	9	水《みず》などであらう・すすぐ	洗顔《せんがん》・洗練《せんれん》 水洗《すいせん》・手洗《てあら》い	3 5 6 7 9
染	（セン） そめる そまる （しみる） （しみ）	木	き	9	そめる・そまる	染《そ》め物《もの》 悪《あく》に染《そ》まる	3 4 6 7 9
善	ゼン よい	口	くち	12	正《ただ》しい・よい・仲《なか》よくする	善人《ぜんにん》・親善《しんぜん》 善処《ぜんしょ》・改善《かいぜん》	2 5 6 8 12
奏	ソウ （かなでる）	大	だい	9	申《もう》し上《あ》げる・楽器《がっき》をならす・あらわす	奏上《そうじょう》・演奏《えんそう》 奏功《そうこう》・合奏《がっそう》	3 5 7 8 9

窓	ソウ まど	穴	あなかんむり	11	まど・勉強《べんきょう》する部屋《へや》	車窓《しゃそう》・窓口《まどぐち》 出窓《でまど》・同窓会《どうそうかい》	窓 4 窓 6 窓 8 窓 9 窓 11
創	ソウ	刂	りっとう	12	きず・物事《ものごと》を新《あたら》しく始《はじ》める・つくる	刀創《とうそう》・独創《どくそう》 創意《そうい》・創立《そうりつ》	創 4 創 6 創 7 創 9 創 12
装	ソウ （ショウ） （よそおう）	衣	ころも	12	よそおう・かざる・とりつける	服装《ふくそう》・装置《そうち》 軽装《けいそう》・包装《ほうそう》	装 1 装 4 装 7 装 10 装 12
層	ソウ	尸	かばね しかばね	14	重《かさ》なったもの・重《かさ》なる・階級《かいきゅう》	断層《だんそう》・階層《かいそう》 地層《ちそう》・中間層《ちゅうかんそう》	層 1 層 5 層 8 層 12 層 14
操	ソウ （あやつる） （みさお）	扌	てへん	16	あやつる・志《こころざし》や愛《あい》を守《まも》りとおすこと	操作《そうさ》・節操《せっそう》 操縦《そうじゅう》・体操《たいそう》	操 5 操 8 操 11 操 14 操 16
蔵	ゾウ （くら）	艹	くさかんむり	15	しまっておく・しまっておく建物《たてもの》	蔵書《ぞうしょ》・所蔵《しょぞう》 土蔵《どぞう》・貯蔵《ちょぞう》	蔵 4 蔵 6 蔵 9 蔵 13 蔵 15
臓	ゾウ	月	にくづき	19	体内《たいない》にあるいろいろな器官《きかん》・はらわた	臓物《ぞうもつ》・心臓《しんぞう》 臓器《ぞうき》・内臓《ないぞう》	臓 8 臓 10 臓 13 臓 17 臓 19
存	ソン ゾン	子	こ	6	ある・生《い》きている・思《おも》う・持《も》っている	生存《せいぞん》・異存《いぞん》 存在《そんざい》・存分《ぞんぶん》	存 1 存 2 存 3 存 4 存 6
尊	ソン たっとい とうとい たっとぶ とうとぶ	寸	すん	12	とうとい・とうとぶ・敬意《けいい》を表《あらわ》す語《ご》	尊敬《そんけい》・尊父《そんぷ》 尊重《そんちょう》・自尊《じそん》	尊 3 尊 5 尊 7 尊 10 尊 12

漢字	読み	部首	部首名	画数	意味	用例	筆順
宅	タク	宀	うかんむり	6	家《いえ》・住《す》まい	宅地《たくち》・自宅《じたく》 住宅《じゅうたく》・帰宅《きたく》	1 3 4 5 6
担	タン (かつぐ) (になう)	扌	てへん	8	受《う》け持《も》つ・引《ひ》き受《う》ける・になう	担任《たんにん》・分担《ぶんたん》 担当《たんとう》・負担《ふたん》	3 4 5 7 8
探	タン さがす (さぐる)	扌	てへん	11	見《み》つけだそうとする・さがす・深《ふか》く考《かんが》える	探求《たんきゅう》・探検《たんけん》 探究《たんきゅう》・探知《たんち》	4 6 8 9 11
誕	タン	言	ごんべん	15	生《う》まれる・生《う》む	誕生《たんじょう》・降誕《こうたん》 生誕《せいたん》	8 9 10 13 15
段	ダン	殳	るまた ほこづくり	9	くぎり・だんだん・やりかた・うでまえの等級《とうきゅう》	階段《かいだん》・手段《しゅだん》 段落《だんらく》・初段《しょだん》	2 5 6 7 9
暖	ダン あたたか あたたかい あたたまる あたためる	日	ひへん	13	あたたかい・あたためる	暖冬《だんとう》・温暖《おんだん》 暖流《だんりゅう》・寒暖《かんだん》	5 8 10 11 13
値	チ ね (あたい)	亻	にんべん	10	ねうち・数《かず》の大《おお》きさ	価値《かち》・数値《すうち》 値段《ねだん》・値札《ねふだ》	3 4 6 9 10
宙	チュウ	宀	うかんむり	8	おおぞら・空間《くうかん》・そらんじる	宇宙《うちゅう》・宙返《ちゅうがえ》り	4 5 6 7 8
忠	チュウ	心	こころ	8	まごころ・主君《しゅくん》に心《こころ》から仕《つか》えること	忠誠《ちゅうせい》・忠義《ちゅうぎ》 忠告《ちゅうこく》・忠実《ちゅうじつ》	2 3 5 6 8

著	庁	頂	潮	賃	痛	展	討	党
チョ（あらわす）（いちじるしい）	チョウ	チョウ いただき いただく	チョウ しお	チン	ツウ いたい いたむ いためる	テン	トウ（うつ）	トウ
艹	广	頁	氵	貝	疒	尸	言	儿
くさかんむり	まだれ	おおがい	さんずい	かい こがい	やまいだれ	かばね しかばね	ごんべん	ひとあし にんにょう
11	5	11	15	13	12	10	10	10
書物《しょもつ》をあらわす・あらわれる	役所《やくしょ》・特定《とくてい》の外局《がいきょく》	物《もの》のいちばん高《たか》い所《ところ》・もらう	うしお・しおのみちひ・傾向《けいこう》	やとった人《ひと》にはらうおかね・代金《だいきん》	からだや心《こころ》がいたむ・ひどく・いたましい	ひろげる・ひろがる・ならべる・広《ひろ》く見《み》る	せめる・たずね調《しら》べる	仲間《なかま》・政治家《せいじか》などの集《あつ》まり
著書《ちょしょ》・著名《ちょめい》 著作《ちょさく》・名著《めいちょ》	官庁《かんちょう》・県庁《けんちょう》 庁舎《ちょうしゃ》・登庁《とうちょう》	頂上《ちょうじょう》・登頂《とうちょう》 山頂《さんちょう》・絶頂《ぜっちょう》	満潮《まんちょう》・風潮《ふうちょう》 潮流《ちょうりゅう》・黒潮《くろしお》	賃金《ちんぎん》・運賃《うんちん》 工賃《こうちん》・家賃《やちん》	頭痛《ずつう》・激痛《げきつう》 痛快《つうかい》・痛手《いたで》	展開《てんかい》・展示《てんじ》 展望《てんぼう》・発展《はってん》	追討《ついとう》・検討《けんとう》 討議《とうぎ》・討論《とうろん》	党派《とうは》・政党《せいとう》 党首《とうしゅ》・野党《やとう》
著 4 著 5 著 7 著 9 著 11	庁 1 庁 2 庁 3 庁 4 庁 5	頂 1 頂 4 頂 6 頂 9 頂 11	潮 4 潮 7 潮 10 潮 13 潮 15	賃 4 賃 5 賃 8 賃 11 賃 13	痛 2 痛 6 痛 9 痛 11 痛 12	展 2 展 4 展 6 展 8 展 10	討 4 討 6 討 8 討 9 討 10	党 1 党 4 党 7 党 9 党 10

		ナ	ニ		ノ		ハ	
糖	届	難	乳	認	納	脳	派	拝
トウ	とどける とどく	ナン むずかしい （かたい）	ニュウ ちち （ち）	（ニン） みとめる	ノウ （ナッ）（ナ） （ナン）（トウ） おさめる おさまる	ノウ	ハ	ハイ おがむ
米	尸	隹	乚	言	糸	月	氵	扌
こめへん	かばね しかばね	ふるとり	おつ	ごんべん	いとへん	にくづき	さんずい	てへん
16	8	18	8	14	10	11	9	8
あまい調味料《ちょうみりょう》・あまい炭水化物《たんすいかぶつ》	とどける・とどけ	むずかしい・わざわい・なじる	ちち・ちち状《じょう》の液《えき》・ちちをのませる・ちぶさ	みとめる・はっきりと知《し》る	しまう・お金《かね》などをおさめる・終《お》わりにする	のうみそ・頭《あたま》の働《はたら》き・中心人物《ちゅうしんじんぶつ》	わかれる・わかれ・行《い》かせる	おがむ・うやまう・けんそんを表《あらわ》すことば
砂糖《さとう》・糖分《とうぶん》 果糖《かとう》・製糖《せいとう》	届《とど》け出《で》・届《とど》け 物《もの》・出生届《しゅっしょうとどけ》《しゅっせい》	困難《こんなん》・苦難《くなん》 難解《なんかい》・非難《ひなん》	母乳《ぼにゅう》・乳液《にゅうえき》 乳児《にゅうじ》・牛乳《ぎゅうにゅう》	認《みと》め印《いん》・認識《にんしき》 努力《どりょく》を認《みと》める	収納《しゅうのう》・納入《のうにゅう》 納期《のうき》・納税《のうぜい》	大脳《だいのう》・頭脳《ずのう》 脳波《のうは》・首脳《しゅのう》	派生《はせい》・立派《りっぱ》 流派《りゅうは》・派出所《はしゅつじょ》	拝礼《はいれい》・拝見《はいけん》 拝観《はいかん》・参拝《さんぱい》
糖 8 糖 10 糖 12 糖 13 糖 16	届 2 届 3 届 5 届 6 届 8	難 8 難 12 難 14 難 15 難 18	乳 1 乳 4 乳 5 乳 6 乳 8	認 8 認 9 認 11 認 12 認 14	納 6 納 7 納 8 納 9 納 10	脳 5 脳 8 脳 9 脳 10 脳 11	派 4 派 5 派 6 派 7 派 9	拝 1 拝 2 拝 4 拝 7 拝 8

漢字	読み	部首	部首名	画数	意味	用例	筆順
背	ハイ せ せい (そむく) (そむける)	肉	にく	9	せなか・ものの後《うし》ろ・そむく	背骨《せぼね》・背任《はいにん》 背景《はいけい》・背中《せなか》	1 2 4 7 9
肺	ハイ	月	にくづき	9	はい・心《こころ》の中《なか》	肺臓《はいぞう》・肺活量《はいかつりょう》	5 6 7 8 9
俳	ハイ	イ	にんべん	10	役者《やくしゃ》・芸人《げいにん》・俳句《はいく》のこと	俳優《はいゆう》・俳号《はいごう》 俳句《はいく》・俳人《はいじん》	3 6 7 8 10
班	ハン	王	おうへん たまへん	10	人《ひと》を組《く》み分《わ》けたもの・小単位《しょうたんい》の集団《しゅうだん》	班長《はんちょう》・首班《しゅはん》 調査班《ちょうさはん》	4 6 7 8 10
晩	バン	日	ひへん	12	夜《よる》・おそい・おくれる	今晩《こんばん》・晩秋《ばんしゅう》 晩年《ばんねん》・大器晩成《たいきばんせい》	5 7 9 11 12
ヒ 否	ヒ (いな)	口	くち	7	うちけす・反対《はんたい》の意味《いみ》を表《あらわ》す	否定《ひてい》・合否《ごうひ》 否決《ひけつ》・賛否《さんぴ》	1 2 3 4 7
批	ヒ	扌	てへん	7	よい悪《わる》いを決《き》める	批判《ひはん》・批評《ひひょう》 批難《ひなん》・批准《ひじゅん》	3 4 5 6 7
秘	ヒ (ひめる)	禾	のぎへん	10	かくす・人《ひと》の知恵《ちえ》ではおよばない・よく通《つう》じない	秘密《ひみつ》・神秘《しんぴ》 秘境《ひきょう》・秘策《ひさく》	6 7 8 9 10
フ 腹	フク はら	月	にくづき	13	おなか・考《かんが》え・心《こころ》の中《なか》・全体《ぜんたい》のなか	腹部《ふくぶ》・腹案《ふくあん》 満腹《まんぷく》・腹黒《はらぐろ》い	6 8 10 11 13

漢字	読み	部首	部首名	画数	意味	用例	筆順
奮	フン ふるう	大	だい	16	気持《きも》ちをふるいたたせる	奮戦《ふんせん》・興奮《こうふん》 奮起《ふんき》・発奮《はっぷん》	5 8 11 14 16
並（ヘ）	(ヘイ) なみ ならべる ならぶ ならびに	一	いち	8	ならぶ・ならべる・ふつう・同類《どうるい》	並木《なみき》・歯並《はなら》び 足並《あしな》み	3 4 5 7 8
陛	ヘイ	阝	こざとへん	10	天皇《てんのう》や皇后《こうごう》などをうやまった呼《よ》び名《な》	陛下《へいか》	4 6 8 9 10
閉	ヘイ とじる しまる しめる (とざす)	門	もんがまえ	11	しめる・とじこめる・終《お》える	閉門《へいもん》・閉会《へいかい》 閉業《へいぎょう》・閉幕《へいまく》	1 5 7 9 11
片	(ヘン) かた	片	かた	4	かたほう・きれはし・わずか	片側《かたがわ》・片時《かたとき》 片道《かたみち》・片意地《かたいじ》	1 2 3 4
補（ホ）	ホ おぎなう	衤	ころもへん	12	おぎなう・たすける	補強《ほきょう》・候補《こうほ》 補給《ほきゅう》・補習《ほしゅう》	4 6 10 11 12
暮	(ボ) くれる くらす	日	ひ	14	日《ひ》ぐれ・季節《きせつ》や年《とし》の末《すえ》	日暮《ひぐ》れ 夕暮《ゆうぐ》れ	5 8 9 12 14
宝	ホウ たから	宀	うかんむり	8	たから・すぐれた・貴重《きちょう》な	宝石《ほうせき》・重宝《ちょうほう》 宝庫《ほうこ》・国宝《こくほう》	4 5 6 7 8
訪	ホウ たずねる (おとずれる)	言	ごんべん	11	たずね求《もと》める・おとずれる	探訪《たんぼう》・訪問《ほうもん》 訪日《ほうにち》・来訪《らいほう》	7 8 9 10 11

亡	ボウ・(モウ)・(ない)	亠	なべぶた・けいさんかんむり	3	ほろびる・なくなる・いなくなる	興亡《こうぼう》・亡命《ぼうめい》・亡国《ぼうこく》・存亡《そんぼう》	1・2・3
忘	(ボウ)・わすれる	心	こころ	7	わすれる・覚《おぼ》えていない	忘《わす》れ物《もの》・恩《おん》を忘《わす》れる	2・3・5・6・7
棒	ボウ	木	きへん	12	ぼう・まっすぐなこと・まっすぐに	綿棒《めんぼう》・相棒《あいぼう》・片棒《かたぼう》・棒暗記《ぼうあんき》	5・7・8・11・12
枚	マイ	木	きへん	8	数《かぞ》えあげる・平《ひら》たいものを数《かぞ》える語《ご》	枚挙《まいきょ》・枚数《まいすう》・二枚目《にまいめ》	4・5・6・7・8
幕	マク・バク	巾	はば	13	布製《ぬのせい》のしきりやおおい・幕府《ばくふ》	開幕《かいまく》・幕府《ばくふ》・幕内《まくうち》・暗幕《あんまく》	5・8・11・12・13
密	ミツ	宀	うかんむり	11	すきまがない・こっそりと・親《した》しい	親密《しんみつ》・秘密《ひみつ》・密集《みっしゅう》・機密《きみつ》	4・5・6・9・11
盟	メイ	皿	さら	13	ちかう・ちかいあった仲間《なかま》	盟友《めいゆう》・加盟《かめい》・盟主《めいしゅ》・同盟《どうめい》	5・8・10・12・13
模	モ・ボ	木	きへん	14	にせる・手《て》さぐりする・手本《てほん》・かまえや大《おお》きさ	模型《もけい》・規模《きぼ》・模造《もぞう》・模様《もよう》	5・9・12・13・14
訳	ヤク・わけ	言	ごんべん	11	やくす・意味《いみ》をときあかす	通訳《つうやく》・訳語《やくご》・内訳《うちわけ》・口語訳《こうごやく》	7・8・9・10・11

	漢字	読み	部首	部首名	画数	意味	用例	筆順
ユ	郵	ユウ	阝	おおざと	11	手紙《てがみ》や小包《こづつみ》などを送《おく》り届《とど》けること	郵送《ゆうそう》・郵便《ゆうびん》 郵船《ゆうせん》	3 5 6 7 11
	優	ユウ (やさしい) (すぐれる)	亻	にんべん	17	上品《じょうひん》な・すぐれている・てあつい・ゆっくり・役者《やくしゃ》	優美《ゆうび》・女優《じょゆう》 優勝《ゆうしょう》・優先《ゆうせん》	6 9 12 15 17
ヨ	幼	ヨウ おさない	幺	よう いとがしら	5	おさない・おさなご	幼少《ようしょう》・幼児《ようじ》 幼年《ようねん》・幼虫《ようちゅう》	1 2 3 4 5
	欲	ヨク (ほっする) (ほしい)	欠	あくび かける	11	そうしたい・ほしがる・よく	欲望《よくぼう》・食欲《しょくよく》 欲求《よっきゅう》・意欲《いよく》	4 6 8 10 11
	翌	ヨク	羽	はね	11	つぎの・あくる	翌日《よくじつ》・翌年《よくねん》 翌週《よくしゅう》・翌春《よくしゅん》	2 5 8 10 11
ラ	乱	ラン みだれる みだす	乚	おつ	7	みだれる・さわぎ・むやみに	混乱《こんらん》・乱打《らんだ》 乱入《らんにゅう》・散乱《さんらん》	2 3 4 5 7
	卵	(ラン) たまご	卩	わりふ ふしづくり	7	たまご	卵色《たまごいろ》・生卵《なまたまご》 ゆで卵《たまご》	2 3 4 6 7
	覧	ラン	見	みる	17	よく見《み》る・ながめわたす	回覧《かいらん》・展覧《てんらん》 遊覧《ゆうらん》・博覧会《はくらんかい》	1 5 9 12 17
リ	裏	(リ) うら	衣	ころも	13	うら・うらがわ	裏口《うらぐち》・裏庭《うらにわ》 裏表《うらおもて》・裏地《うらじ》	4 6 7 10 13

律	臨	朗	論
		口	
リツ（リチ）	リン（のぞむ）	ロウ（ほがらか）	ロン
彳	臣	月	訁
ぎょうにんべん	しん	つき	ごんべん
9	18	10	15
きまり・おきて・音楽《おんがく》の調子《ちょうし》・原理《げんり》	そばにある・その場《ば》に居《い》あわせる	明《あか》るい・ほがらか・声《こえ》がすみとおる・きよらか	筋道《すじみち》を立《た》てて述《の》べる・意見《いけん》・考《かんが》え・言《い》い争《あらそ》う
法律《ほうりつ》・音律《おんりつ》 規律《きりつ》・自律《じりつ》	臨海《りんかい》・臨席《りんせき》 臨時《りんじ》・君臨《くんりん》	明朗《めいろう》・朗読《ろうどく》 朗報《ろうほう》・晴朗《せいろう》	理論《りろん》・論争《ろんそう》 論評《ろんぴょう》・結論《けつろん》
律 3 律 4 律 6 律 8 律 9	臨 1 臨 5 臨 9 臨 14 臨 18	朗 2 朗 4 朗 5 朗 8 朗 10	論 8 論 11 論 12 論 13 論 15